Les Messages cachés de *Harry Potter*

Méziane HAMMADI

Les Messages cachés de *Harry Potter*

Alphée

JEAN-PAUL BERTRAND

Du même auteur,

Francis Cabrel, le vagabond des étoiles,
Éditions du bord de l'eau, 2006.

Parlez-vous le Renaud ?
Éditions du bord de l'eau, 2006.

Renard doux, Renaud féroce,
groupe Express Éditions, 2005.

Tracy Chapman, la (re)belle noire du folk américain,
groupe Express Éditions, 2004.

Renaud, le renard tendre de la chanson,
groupe Express Éditions, 2003.

www.editions-alphee.com

EAN : 9782-7538-0354-1

Now there's a fire down below
But it's comin' up here
So leave everything you know
And carry only what you fear
On the road the sun is sinkin' low
There's bodies hangin' in the trees
This is what will be, this is what will be.
Bruce SPRINGSTEEN, *Magic.*

Je n'ai pas envie de réalité. Je veux de la magie !
Oui, oui, de la magie.
Blanche DUBOIS in *Un tramway nommé désir*
de Tennessee Williams.

Do you believe in magic in a young girl's heart
How the music can free her, whenever it starts
And it's magic, if the music is groovy
It makes you feel happy like an old-time movie
I'll tell you about the magic, and it'll free your soul
But it's like trying to tell a stranger about rock and roll.
Do You Believe in Magic de Lovin' Spoonful.

On peut trouver le bonheur même
dans les temps les plus sombres !
Il suffit de se souvenir d'allumer la lumière.
Dumbledore aux élèves de Poudlard dans
Harry Potter and the prisonner of Azkaban (2004).
Scénario de Steven Kloves
d'après le livre de J.K. Rowling.

Il va devenir célèbre – une véritable légende
vivante –, je ne serais pas étonnée que la date
d'aujourd'hui devienne dans l'avenir la fête de Harry
Potter. On écrira des livres sur lui.
Le professeur McGonagall, in
Harry Potter and the Philosopher's Stone.

Time enough for hard questions
Time enough for all your fears
Time is tougher than we both know yet,
Time enough for tears
The moon is milk and the sky where it's split
It's magic, and we all need to believe that we can.
The Corrs in *Time enough for tears.*

Avant-propos

Do You Believe in Magic ?

On arrive au monde, innocent et sans péché. Mais on subit de plein fouet les injustices, la plus terrible étant celle de perdre ses parents. Harry Potter est de ceux-là. Comme nombre de héros mythiques avant lui, de Moïse à Œdipe, il est orphelin.

Dans la littérature populaire et la bande dessinée, les exemples abondent, l'imagination des auteurs affranchissant leurs héros de leur ascendance. En perdant leurs parents, c'est comme si ces derniers naissaient une seconde fois... une naissance plus douloureuse et lourde d'incertitudes. Une façon de rendre les personnages libres, et de les amener vers une autre route, pleine de promesses.

Chaque enfant s'est un jour demandé s'il n'était pas promis à un destin particulier, sans la tutelle de parents qui l'empêchent de faire ce qu'il veut. Ainsi, si l'on plaint souvent Harry pour la douloureuse perte de ses parents, il faut dire qu'on l'envie par moments...

Harry Potter est orphelin, mais il est aussi magicien. Sans même le savoir, il a un don pour la magie, transmis par ses parents. Harry est surtout un rebelle. Un rebelle sans cause d'abord. Sa colère est dirigée contre les Dursley, sa famille adoptive avant de se tourner vers Voldemort, le plus terrible mage noir de son temps, qui a brutalement assassiné ses parents.

Plus il avance en âge, plus Harry va devenir le point de ralliement de la lutte contre Voldemort et ses partisans, les Mangemorts. Il va être le symbole de tous ceux qui usent de discriminations contre les pas bien nés : les sang-mêlé et les Moldus, coupables de ne pas avoir le « sang-pur », celui d'un père et d'une mère magiciens.

Toute histoire à un commencement. La saga des *Harry Potter* débute au 4, Privet Drive où vivent dans une maison typique de la classe moyenne, les Dursley. Ce couple a recueilli le neveu de la sœur de Pétunia, Harry, qui dort le plus souvent dans un placard.

Toute l'enfance de Harry n'est que souffrance résignée, tristesse et brimades.

Ce n'est que le jour de ses onze ans que tout change et qu'il aperçoit enfin un coin de ciel bleu. Harry reçoit une lettre, suivie d'une centaine d'autres, lui annonçant son entrée à l'école de sorcellerie Poudlard. Et à côté de la petite histoire de Harry, il y a celle de ses parents :

résistants de la première heure à la guerre raciale provoquée par Voldemort, ils se sacrifient à la fois pour leurs idées et pour leur unique enfant.

La magie va servir d'analogie à Rowling pour parler de son temps, de notre histoire commune, des pouvoirs autoritaires et de la nécessaire résistance et de l'aspiration à la liberté. Le merveilleux et le fantastique pour mettre en garde sur les travers de notre époque et pour mieux appréhender ce passé qui ne passe pas, le fascisme, le nazisme et le totalitarisme, dont Rowling nous dit que l'on aurait tort de ne le voir qu'à travers le prisme du passé et des souvenirs de l'Histoire.

Beaucoup de choses ont été écrites sur *Harry Potter*, mais l'essentiel a peu été dit. Les raisons sont obscures. Une forme de condescendance envers l'univers créé par J.K. Rowling, de snobisme, d'ignorance mais aussi et surtout l'aveuglement devant la valeur intrinsèque des romans sur le jeune sorcier.

Avec la série des *Harry Potter*, que l'on peut déjà classer dans les classiques de la littérature, J.K. Rowling a subverti la littérature enfantine. Derrière les créatures magiques, les elfes, les trolls, les centaures, les sorts et les magiciens se cache une œuvre d'une grande portée politique, révoltée et libertaire. Ce qui fait de la jeune J. K. Rowling la digne héritière de Charles Dickens ou de George Orwell.

Elle se sert de sorciers et de magie pour mettre en avant ses idées progressistes. L'univers magique créé par Rowling est rempli de souffrance et de douleurs, et plus on avance dans la saga, plus elle devient sombre, jonchée de morts sur la route.

Avec *Harry Potter*, Rowling opère une réinvention ludique, inspirée et poétique de notre monde. C'est un monde familier avec ses douleurs et ses peines, et le Bien et le Mal.

Si le premier livre avait pour titre une pierre philosophale [1] propre à éveiller la curiosité des amoureux du mystère, le dernier ouvrage renvoie directement à la fin de tout, la mort.

L'école de Poudlard est un lieu laïc (très peu de références à Dieu et à la religion), sexuel (Harry sort avec Cho Chang, puis avec Ginny, qui elle-même multiplie les conquêtes), multiracial (il y a à la fois les sœurs jumelles Patil et bien sûr les sang-pur et les sang-mêlé), des pauvres et des riches (les Weasley et les Malefoy) et où chacune des croyances est la bienvenue tant qu'elle n'empiète pas sur celle d'un autre.

La littérature fantastique peut très vite tomber dans

1. *Harry Potter and the Philosopher's Stone* – Harry Potter et la Pierre philosophale est le titre original du premier volume (NdÉ). L'édition américaine a préféré le titre *Harry Potter and the Sorcerer's Stone.*

les clichés propres au genre. C'est tout le talent de J.K. Rowling d'avoir su les éviter. S'il y a de la romance, de l'humour et de la féérie dans *Harry Potter*, il y a aussi du réalisme, de la violence et de la politique. Le monde pseudo-féodal idéalisé et romantique, très conservateur, que l'on trouve dans nombre de romans fantastiques est absent de *Harry Potter*. En cela, c'est un héros très moderne, le dernier héros littéraire du XXe siècle et le premier du XXIe. À la charnière du 11 septembre 2001.

D'ailleurs, une grande majorité des romans sont par essence conservateurs, en cela qu'ils confortent l'ordre établi et ne le remettent pas en question. C'est donc un engagement doublé d'un non-conformisme auquel se livre Rowling.

On commence la route avec Harry dans le monde familier (puisque c'est le nôtre) des Moldus, avant de découvrir en même temps que lui le monde magique et réaliser que tout merveilleux et stupéfiant qu'il soit, ce monde a également sa part d'injustices, de racisme, de haine, de deuils brutaux et de peur.

À l'instar de Harry Potter, on achève ce voyage moins craintif face à la mort, face aux adversités de la vie, et face à la douleur et la peine. Cela ne s'est pas fait d'un coup de baguette magique. Des milliers de pages nous ont envoûtés en nous distillant des mots d'espoir, de compassion et de lutte. On pénètre à l'intérieur du château de Poudlard enfant et on en ressort adulte, mais avec toujours – et c'est important – notre âme d'enfant.

Pour nombre de critiques sérieux, il est désolant de constater que des romans appartenant au genre hybride du roman d'aventure fantastique et merveilleux et de la *Fantasy* (même si l'on peut également le classer dans le genre du roman initiatique) fassent la critique de la société actuelle, quand les romans dont ils parlent à longueur de pages sont des journaux intimes nombrilistes. La plupart de ces romans traitent de couples bourgeois qui s'inventent des problèmes, dans des appartements dont on ne sait pas comment ils paient le loyer… Alors que nombre de livres pour enfants abordent des questions primordiales : « Qu'est ce que le Bien ? », « Qu'est-ce que le Mal ? », « En qui peut-on avoir confiance ? », « Pourquoi y a-t-il a tant d'injustice dans le monde ? », « Comment y remédier ? », « Qu'est-ce que la mort ? », ou bien encore « Que faire pour que le monde change en mieux ? ».

Il n'y a qu'à lire Pullman pour se rendre compte de l'absurdité de voir l'un de ses superbes livres, *The Tiger in the Well,* rangé dans la littérature enfantine, quand il devrait légitimement être classé à côté de son excellent confrère Ian McEwan.

Rowling aurait très bien pu se contenter d'exploiter cette idée originale déjà formidable : un groupe d'enfants dans une école de sorciers que l'on suit dans leur formation de magiciens année après année. L'une des raisons du succès de *Harry Potter* est d'ailleurs le processus d'identification des adolescents à Harry, Ron et Hermione. Cela est lié au fait que les héros prennent de l'âge en même temps que leurs lecteurs. Mais Rowling a ajouté toute une trame autour du Mal et de ses ramifications. Et, en réalité, c'est notre propre monde que l'on voit à travers un verre opaque rempli de magie, ou bien à travers une sorte de miroir déformant, qui n'a rien d'un miroir de Risèd…

J.K. Rowling n'a donc pas seulement – ce qui serait déjà beaucoup – imaginé de toutes pièces un formidable univers magique, mais a également réussi le tour de force de dire beaucoup de choses sur notre monde, sur l'éducation des enfants, sur la répression politique, sur le fanatisme, sur les préjugés, le racisme et sur le danger qu'il y a à ne pas préserver notre bien commun, le vivre ensemble.

Dès le troisième tome, *Le Prisonnier d'Azkaban*, les interrogations politiques et morales viennent se mêler aux thèmes déjà abordés du deuil ou du prix de l'amitié. Tout cela, bon nombre de gens ne voulaient ou bien feignaient de ne pas le voir.

Pourquoi ? Tout simplement parce que les thèmes évoqués par Rowling dérangent bien sûr, mais aussi et surtout parce que nous parlons de livres pour enfants, ou bien pour être plus juste, destinés aux enfants. Des livres pour la jeunesse donc, qui se payaient en outre le luxe d'avoir le plus grand succès de la littérature !

Ce qui n'a pas plu à tout le monde. Pourtant, Rowling ne vend pas des armes. Elle vend des mots, de l'amour, de la magie et est parvenue à faire en sorte que des millions d'enfants (et d'adultes) de par le monde lisent des pavés de centaines de pages, dotés d'une excellente trame narrative. *Harry Potter* est sans doute la meilleure œuvre littéraire fantastique de ces dernières années avec la merveilleuse trilogie d'*À la croisée des mondes* de Philip Pullman.

Vous sortez grandi de votre lecture de *Harry Potter*, ce qui devrait être le principal critère de jugement d'une œuvre.

On dénonce le marketing autour de *Harry Potter*, mais cette publicité massive n'a été due qu'au succès et non l'inverse. C'est d'abord le bouche-à-oreille qui a fait le succès du sorcier, grâce à la qualité de l'histoire et le savoir-faire de conteuse de la romancière.

Ce n'est pas un marketing ciblé, comme c'est devenu la norme aujourd'hui. *Harry Potter* rassemble des gens de toutes les origines et de tous les milieux. C'est le premier héros littéraire de la mondialisation. C'est en outre le premier héros à se forger le statut de mythe en aussi peu de temps. Dix années auront suffi à faire de Harry Potter un héros mythique, auquel des millions de gens se sont identifiés.

Le succès est suspect et attire toujours des jalousies, mais le cas Rowling laisse perplexe. Comment fait-elle ? Un best-seller d'accord. Puis un autre et encore un autre… c'est magique ! L'heptalogie de Rowling a attiré les faveurs de centaines de millions de lecteurs et qui en redemandent. C'est d'emblée suspect.

Harry Potter affirme le pouvoir de l'écrit, le pouvoir des mots et du rêve, face au pouvoir de l'image, du bruit et de la vitesse. Bravo !

Les lecteurs et lectrices (ces dernières étant largement majoritaires, ce qui nous donne une raison supplémentaire de les aimer encore plus) sont les derniers résistants d'une ère non littéraire. Au moment même où la technologie avait infiltré chaque aspect de nos vies : jeux vidéos aux graphismes toujours plus réalistes et impressionnants, portables, DVD et Blu-Ray, multiplexes, ordinateur dans chaque chambre, Internet avec messageries instantanées et l'Ipod…

Harry Potter triomphe dans les librairies et amène le lecteur dans un monde où le mot « lol » et les mots horribles de « people » et « bling-bling » n'ont pas leur place. Le chaudron, les balais magiques et les sortilèges plus forts que tout cela à la fois !

Harry Potter apporte la preuve que les gens seront toujours sensibles à une belle histoire. L'apprenti sorcier contredit les cassandres qui prédisaient la fin des livres… Même si nombre de gens se voilent la face. Il y a encore beaucoup à faire (trop ?) pour donner le goût de la lecture. Les enfants qui lisent sont comme les adultes : bien peu nombreux. Pourquoi l'école ne réussit-elle pas à communiquer l'amour de la lecture et des livres ? Ce devrait être l'essentiel à apprendre.

La plus belle chose à faire pour les enfants est de leur donner une éducation équilibrée, d'ouvrir leur esprit à différents domaines. Un enfant passionné est un être heureux. L'enjeu central de l'éducation est là. C'est le rôle de la culture, des livres comme des films, de faire entrevoir ce monde de promesses, de donner l'envie de croire et de se surpasser en transcendant ses propres limites. Une œuvre est forte quand elle apporte une source d'information alternative. En cela, *Harry Potter*, tout en divertissant, tout en ouvrant une porte vers le rêve, remplit parfaitement sa mission.

Alors, bien sûr, il y a des gens qui n'aiment pas *Harry Potter* ! Mais alors qu'ils soient de bonne foi. Voir, entendre et lire des critiques de personnes qui n'ont pas lu les livres ou bien survolé la saga a quelque chose de pénible. Pour recevoir le sort d'enchantement, encore faut-il le vouloir…

La saga *Harry Potter* est interdite dans des milliers de bibliothèques de par le monde pour des motifs aussi farfelus que sorcellerie ou satanisme. Alors même que Harry Potter donne des leçons magistrales de fraternité, de solidarité et d'humanité ; les valeurs les plus nobles. Pourtant, quelques-uns des plus grands ouvrages de la littérature ont d'abord été destinés aux enfants. Mais comme tous les bons livres pour enfants, ils sont allés au-delà de leur simple statut. Des contes de Perrault et d'Andersen à *La Ferme des animaux* de George Orwell en passant par *Croc-Blanc* de Jack London, *Les Aventures d'Huckleberry Finn* de Mark Twain, *Le Seigneur des anneaux* de Tolkien, *Les Misérables* de Victor Hugo, *Les Quatre Filles du docteur March* de Louisa May Alcott et toute l'œuvre de Jules Verne ou de l'immense Dickens, tous ces chefs-d'œuvre ont d'abord été classés dans la littérature enfantine. En vérité, comme nombre de livres que l'on trouve dans les rayonnages de livres pour enfants, *Harry Potter* n'est pas un livre pour enfants tel qu'on l'entend aujourd'hui.

La série des *Harry Potter* partait de ce postulat : et si la magie existait vraiment ? Maintenant que l'on a la réponse, on peut aller ailleurs. Sur le dos d'un hippogriffe, sur une moto volante, sur un balai, en Ford Anglia ou bien, c'est plus commode et moins risqué, à bord du Poudlard Express… Avec la saga *Harry Potter*, on a assisté à la naissance d'un écrivain. J.K. Rowling est une romancière qui est déjà dans mon panthéon personnel avec Steinbeck, Dos Passos, Hugo, Maupassant, Zola, London, Roth et un autre auteur que l'on classe dans la littérature enfantine, Philip Pullman… C'est dire si j'ai hâte de lire les prochains romans de Joanne Rowling… Qu'elle aille vers la littérature plus adulte ou qu'elle reste dans l'enfance, elle a toute ma confiance pour apporter en prime un peu de rêve…

Méziane Hammadi

I

La magicienne de la littérature, Joanne Rowling

This train…
Carries saints and sinners
This train…
Carries losers and winners
This train…
Caries whores and gamblers
This train…
Caries lost souls
This train…
Dreams will not be thwarded
This train…
Faith will be rewarded
This train…
Hear the steel wheels singin'
This train…
Bells of freedom ringin'

Bruce Springsteen in *Land of hope and dreams.*

L'enfance

Joanne Kathleen Rowling est née à Chipping Sodbury, dans le Gloucestershire dans le sud-ouest de la Grande-Bretagne le 31 juillet 1965 (son jeune héros, Harry Potter est aussi né un 31 juillet).

Elle a une petite sœur, Dianne, qu'elle appelle Di (qui est aujourd'hui juriste).

Ses parents, Peter Rowling (né en 1945) et Anne Rowling née Volant (1945-1990) sont originaires de Londres. Ils se sont rencontrés dans un train qui quittait la gare de King's Cross pour se rendre à Arbroth en Écosse, d'où l'affection pour cette station et le rôle qu'elle joue dans *Harry Potter*. Leur mariage a eu lieu en mars 1965, quatre mois avant la naissance de Joanne. Son père travaille dans une usine de moteurs d'avions Rolls Royce à Bristol.

Bien qu'ils aient désiré un garçon – dont ils avaient déjà choisi le prénom (Simon John) – Joanne va recevoir tout l'amour qu'une enfant peut espérer. Joanne est une petite fille calme avec des taches de rousseur qui mène une enfance paisible et heureuse, entourée de livres. Ses centres d'intérêt sont nombreux : elle aime la mythologie, la littérature, et passe son temps à écrire devant le regard amusé de ses parents. Ces derniers forment un couple heureux qui se complète.

C'est Anne, mère au foyer, qui élève leurs filles et leur donne le goût de la lecture. Dianne, lectrice chez un éditeur à Londres, envoie à sa sœur beaucoup de livres que la famille modeste n'aurait pu s'offrir. Peu après, toute la famille déménage à Winterbourne, près de Bristol, où les compagnons de jeu, dans la rue où la fillette s'amuse, se nomment… Potter !

Par la suite, la famille déménage à nouveau à Tutshill, près de Chepstow, au pays de Galles, en pleine campagne. C'est ici, dans ce cadre bucolique, près de la forêt de Dean, entourée de rivières et d'oiseaux que Jo âgée de six ans écrira sa première histoire, *Lapin, l'histoire d'un… lapin !* Elle narre la vie d'un lapin malade – il a la rougeole – auquel les amis rendent visite, dont l'abeille miss Bee. B. Elle illustre son histoire de quatre pages qu'elle relie avec un bout de laine. À partir de cinq ans, Jo va à l'école maternelle catholique de St Michael's, avant de se rendre à l'école primaire. Ce n'est pas une très bonne élève. Son institutrice, Mrs Sylvia Morgan, place les bons élèves à gauche et les mauvais à droite (Jo étant placée par cette folle dans la « rangée stupide »). La tyrannique institutrice inspirera le personnage de Severus Rogue et son souci maniaque des règles et des punitions.

Comme ses camarades de classe, la fillette porte l'uniforme réglementaire, une blouse avec une jupe et un cardigan bleus. Pour gagner de l'argent de poche, avec sa petite sœur elle fait le ménage dans l'église Saint Luc près du cimetière non loin de l'endroit où elles vivent.

À l'école secondaire Wydean, où elle effectue son entrée en 1976, Jo ne s'intéresse véritablement qu'à l'anglais et aux langues étrangères. Elle se décrit alors, comme étant « myope, couverte de taches de rousseur et nulle en sport ». En dehors de l'école, Joanne joue de la guitare, écoute de la musique, du punk et du rock et aime aller au théâtre. Elle doit surtout vivre avec la maladie de sa mère... À la fin du lycée, elle demande à être admise à l'université d'Oxford. Mais son dossier est refusé car son école, une *comprehensive school* (ou collège secondaire) d'État ne bénéficie pas d'une bonne réputation.

De 1983 à 1987, la jeune fille étudie le français et la littérature antique à l'université d'Exeter. Ses parents, qui voulaient la voir suivre une filière concrète lui permettant de trouver un travail, ne savent pas qu'elle y étudie les langues vivantes.

Très rebelle, avec des idées radicales, elle pensait trouver à l'université des jeunes partageant ses opinions politiques, mais elle a eu du mal à les débusquer.

Joanne abandonne la littérature antique, après avoir oublié de s'inscrire aux examens ! Elle passe alors le plus clair de son temps à écrire dans les cafétérias de la fac. Très rêveuse, elle change progressivement de look, arborant le plus souvent une veste en jean et une longue chevelure qu'elle laisse pousser. Entre-temps, en 1985, elle se rend toute une année en France en stage pratique où elle suit des cours à la Sorbonne. Elle achèvera ses études avec un diplôme de deuxième classe qu'elle reconnaît elle-même n'être guère brillant.

Jo se rend ensuite à Londres pour suivre un cours de secrétariat bilingue. Cela lui déplaît fortement, mais elle apprend néanmoins à taper à la machine.

C'est encore à Londres qu'elle obtient son premier emploi, au siège d'Amnesty International, l'association de défense des droits humains. Elle est en charge du non-respect des droits de l'homme en Afrique francophone au département des Recherches. Au contact des brutalités et des injustices du monde, la jeune fille se forme une conscience progressiste, que l'on retrouvera par écrit dans les thèmes majeurs de *Harry Potter*. Dans son bureau, elle lit des témoignages d'hommes et de femmes emprisonnés, dont le seul tort est d'avoir voulu plus de liberté et de justice sociale dans des pays totalitaires où les droits les plus élémentaires sont bafoués.

Parmi ses collèges de travail, il y a d'anciens réfugiés politiques et d'anciens prisonniers qui lui font comprendre le sens de la lutte pour que chaque citoyen du monde vive libre et épanoui dans un système véritablement démocratique. Jo apprend la solidarité en découvrant que des milliers de femmes et d'hommes se battent pour des gens qu'ils ne verront jamais. Elle se répète alors l'une de ses citations favorites, apprises à la fac, celle de l'auteur grec Plutarque : *Ce que nous accomplissons à l'intérieur modifie la réalité extérieure.*

Naissance d'un sorcier

La genèse du magicien tient de la légende, avec ce qu'il faut de magie. La jeune fille vit alors avec son petit ami à Manchester. Après avoir passé un week-end à la recherche d'un appartement, elle se rend à Londres…

Il était une fois une jeune femme qui imagine dans le train qui la transporte de Manchester à la gare de King's Cross dans la capitale anglaise le monde magique de Harry Potter.

Durant les quatre heures que dure le voyage (il n'aurait pas dû être aussi long, mais le train avait du retard), en regardant les paysages et les vaches défiler, elle donne forme dans son imagination à ce monde magique.

N'ayant absolument rien sur elle pour écrire, la jeune fille réfléchit tranquillement et silencieusement au jeune sorcier, qui ne savait pas encore qu'il l'était. Tout Harry apparaît dans son esprit : un petit garçon émacié avec lunettes rondes et une cicatrice en forme d'éclair au front. Jo imagine aussi l'école de Poudlard avec des élèves capables de submerger leurs professeurs.

Une fois arrivée à destination, elle se précipite chez elle à Clapping Junction et résume le concept narratif de *Harry Potter* dans son carnet de notes à bon marché, de peur d'oublier ce qu'elle vient d'imaginer.

Et comment ne pas rêver de magie quand le temps est gris et que les soucis financiers s'amoncellent ? La jeune fille vient de perdre sa maman un soir de décembre, décédée après s'être battue contre une sclérose en plaques, déclarée dix ans plus tôt. Le jour de l'An de 1991, Jo apprend de la bouche de son père à 7 heures du matin sa mort. Sa mère n'aura jamais vu Jo écrivain et célèbre. Jo ne lui a jamais parlé de Harry Potter. C'est l'un de ses grands regrets. Ce deuil a eu lieu un mois après son déménagement à Manchester.

Tel Peter Pan, Jo Rowling a naturellement une légère tendance à s'envoler dans un monde enchanté. Elle aime tout autant se rendre derrière le miroir, à l'instar d'Alice. Son pays des merveilles, elle va le créer de toutes pièces, comme dans ces romans de *Fantasy* et dans cette mythologie grecque qu'elle adore.

Mais à ce stade de son existence, face à ce coup du sort, elle a besoin d'un nouveau départ, il lui faut recommencer à zéro et oublier tous ses problèmes. Après avoir travaillé peu de temps à la Chambre de commerce de Manchester, elle est remerciée. Autre malheur, son appartement est cambriolé et on lui vole tout ce que sa mère lui avait laissé. C'est beaucoup plus que ne peut en supporter Joanne. Elle part (elle fuit ?) d'Angleterre pour aller enseigner l'anglais au Portugal, à Porto, durant trois ans. Ses étudiants ont de huit à soixante-deux ans. Il y a là un groupe hétéroclite d'étudiants qui préparent leurs examens, de femmes au foyer et d'hommes d'affaires. Elle obtient la direction du département des adolescents de quatorze à dix-sept ans, qui sont ses élèves préférés.

Jo est une prof très sympa qui dispense son savoir dans une atmosphère chaleureuse. Ce qu'elle retient de son passage dans l'enseignement, ce sont les éclats de rire entre elle et ses élèves. Une complicité qui se dégage des échanges permanents avec ses élèves, où chacun participe au même titre que le professeur.

Elle rencontre son premier mari, un étudiant en journalisme portugais, Jorge Arantes, qui parle l'anglais. Elle l'épouse le 16 octobre 1992.

Leur couple n'est pas au beau fixe. Les disputes sont continuelles, pour des prétextes divers allant de l'infidélité supposée de Jorge aux problèmes d'argent. Le couple vit alors dans le petit appartement de la mère de Jorge.

Jo fait une fausse couche, puis elle est enceinte à nouveau, pendant que Jorge effectue son service militaire. Sa première fille, Jessica Isabel Rowling Arantes, est née le 27 juillet 1993, à Porto, quelques jours avant son anniversaire.

Au Portugal, avec les heures libres que lui laissent les cours, essentiellement le matin, Jo poursuit l'écriture de *Harry Potter*. En novembre 1993, elle se sépare de Jorge et le divorce sera prononcé en 1995. À la suite de cette rupture, en 1994, seule avec son bébé, Joanne sombre dans la dépression. Sur les conseils de sa sœur Dianne, elle décide de rentrer au pays avec son enfant. Son père s'étant remarié, Jo n'ira pas vivre dans son ancienne maison. Elle lui en veut pour cette trahison et ne lui adressera pas la parole durant huit ans.

Joanne vit alors avec Jessica bébé dans un petit appartement glacial de deux pièces infesté de souris, à Edimbourg.

Rien de romantique dans cette situation, simplement une douloureuse réalité où l'échec est vécu dans la crainte de l'avenir, seule avec une enfant en bas âge.

Au chômage, vivant avec 69 livres par semaine, soit le minimum vital, dans une Angleterre très conservatrice où la politique thatchérienne a entraîné de graves coupes dans les budgets sociaux, Joanne doit subir l'humiliation de remettre chaque semaine le carnet d'assistance à l'employé qui lui verse sa rachitique allocation.

Elle passe le plus clair de son temps à s'occuper de sa fille et à écrire dans les cafés les aventures de *Harry Potter*. Une véritable compulsion dans l'écriture, qui l'empêche de sombrer dans l'angoisse et lui donne l'énergie de continuer. Et ce, d'autant que Jorge vient jusqu'à son domicile lui demander de revenir vivre avec lui. La jeune femme est alors contrainte d'engager une action en justice interdisant à son ex-mari de l'approcher.

Dès que sa fille s'endort dans son landau, après l'avoir promenée, elle profite de ce laps de temps pour écrire le premier tome de *Harry Potter*. Jessica est alors la preuve vivante qu'il reste une lueur d'espoir, mais Joanne est terrifiée à l'idée qu'il puisse lui arriver quelque chose. Comme tout va mal, elle est persuadée que sa petite fille qu'elle aime tant va périr et qu'un matin, elle la trouvera morte.

Le premier roman est achevé au Nicolson, un café que possède son beau-frère, ce qui lui a d'ailleurs permis une fréquentation assidue du lieu. D'autant que Jo ne peut véritablement écrire que dans un endroit public et même bruyant. Elle a besoin de cette chaleur humaine et du bruit des conversations qui sont un véritable cocon où elle peut s'abandonner à son imagination.

Elle accepte un poste de secrétaire pour quelques heures par semaine. Licenciée à nouveau, elle retourne à l'université pour obtenir un diplôme d'enseignante, le certificat d'études supérieures dans l'Éducation, qui lui permettra d'enseigner le français en Écosse.

Harry prend vie et vole très haut

Son livre achevé, Joanne l'envoie à plusieurs éditeurs, qui le refusent. Il ne s'agit pas du manuscrit dans son intégralité, mais seulement des trois premiers chapitres, elle n'a pas assez d'argent pour photocopier la totalité de son manuscrit. Elle s'adresse alors à l'agent Christopher Little, qui essuie une douzaine de refus d'éditeurs (ces derniers doivent désormais avoir quelques regrets...).

C'est en août 1996 qu'une petite maison d'édition anglaise, Bloomsbury, accepte son manuscrit. La seule exigence de l'éditeur est de changer son prénom par des initiales, car il pense que les garçons ne voudront pas lire un livre écrit par une femme... Elle choisit donc le prénom de sa grand-mère, Kathleen, qu'elle avait perdue à l'âge de neuf ans et qu'elle aimait par-dessus tout et aussi pour l'euphonie du nom. « J'ai fait des bonds et j'ai hurlé, dit-elle. Jessica, assise dans sa chaise de bébé, me regardait terrifiée. »

Les droits sont par la suite vendus aux enchères aux États-Unis pour la plus grosse avance jamais versée alors à un auteur pour la jeunesse (105 000 dollars). Entre-temps, le premier livre, sorti le 26 juin 2007, reçoit un accueil convenable auprès des critiques.

Avant même de toucher ses droits d'auteur, Joanne se rend compte qu'écrire est le plus beau métier du monde. L'écriture lui a non seulement permis de s'évader, d'explorer tous les thèmes qui la préoccupaient tels que la mort, l'amour et la douleur liés à la perte, mais surtout l'a sauvée.

La suite appartient au rêve. *Harry Potter à l'école des sorciers* est numéro 1 des ventes aux États-Unis et en Grande-Bretagne. Le livre est traduit en soixante-cinq langues et devient l'œuvre littéraire romanesque la plus lue au monde ! Dans *Harry Potter*, Jo met toute sa vie. Les souvenirs de son enfance, son intérêt pour la magie et les créatures magiques, ses humiliations, sa dépression, la perte de sa mère, jusqu'à ses convictions politiques, à travers Hermione.

La jeune femme vit désormais en Écosse.

Elle s'est remariée le 26 décembre 2001 avec un médecin anesthésiste, Neil Murray (« J'ai épousé Harry Potter », dit-elle et c'est vrai qu'il lui ressemble !) à

Killiechassie House, la maison où le couple vit dans le Perthshire. Ils ont donné à Jessica un petit frère, David Gordon, né le 23 mars 2003, et une petite sœur, Mackenzie Jean, née le 23 janvier 2005.

Ils vivent dans une maison victorienne en pierre de deux étages dans une vaste propriété. Dans un bureau, deux assistants répondent aux milliers de mails que Jo reçoit chaque semaine. C'est elle-même qui répond au courrier, en y consacrant un jour par semaine. Avec le tome VII des aventures de Harry, elle met fin à dix-sept ans de magie. Une page se tourne et une autre commence.

Elle a écrit deux livres « sérieux », mais elle estime qu'ils ne sont pas assez bons pour être publiés. Tout le monde l'attend sur son prochain projet littéraire.

Si *Harry Potter et les Reliques de la Mort* est bel et bien le dernier tome (mais rien ne dit qu'elle n'y reviendra pas un jour, beaucoup plus tard), elle envisage néanmoins d'écrire une encyclopédie concernant le monde de Harry Potter. Ce pavé dira tout sur les personnages et répondra à toutes les questions que l'on peut se poser. Un peu de patience donc…

La romancière a également plusieurs fois évoqué son intention de corriger les erreurs des premiers tomes et ce qui ne la satisfaisait pas. Joanne a par ailleurs commencé l'écriture d'un autre livre pour enfants, mais destiné à des plus jeunes que les lecteurs de *Harry Potter*, qu'elle décrit comme « une histoire politico-féerique ». Son intention première est de ne plus écrire de livres fantastiques, mais de se consacrer aux Moldus…

En 2007, alors que les peuples du monde découvrent chacun à leur tour la dernière aventure de Harry Potter, J.K. Rowling annonce avoir écrit *Les Contes de Beedle le barde*, à destination de seulement six de ses proches, et dont le septième exemplaire est mis aux enchères. C'est le site de vente en ligne Amazon qui remporte la mise.

Malgré tout, l'année suivante, Jo se ravise sur son intention première et annonce la publication en anglais, en décembre 2008, de ces fameux contes.

Paroles de J.K. Rowling

Sur l'après-Harry Potter

Je n'écrirai jamais plus quelque chose d'aussi populaire. La foudre ne frappe pas deux fois au même endroit ! Je ferai exactement comme avec Harry : j'écrirai ce que je veux vraiment écrire. Si c'est quelque chose de similaire, tant mieux, si c'est quelque chose de très différent, tant mieux aussi. Je veux juste tomber amoureuse d'une idée à nouveau et partir là-dessus.

Sur l'argent et sa période de pauvreté

Je ne vais certainement pas me plaindre d'avoir de l'argent. Non, pas une seule seconde. Bien sûr que ça rend tout plus facile. Quelqu'un qui s'est vraiment demandé « cet argent suffira-t-il pour tenir jusqu'à la fin de la semaine », ne se plaindra jamais, non, jamais, d'avoir de l'argent. Cela vous autorise à vous libérer des soucis. Cela vous permet de voyager, d'aider des gens. En aucune façon je ne me plaindrai d'avoir de l'argent. J'en suis chaque jour reconnaissante. [...]

J'étais vraiment au plus mal, et je sais ce qu'on ressent d'être dans cette situation, de la vivre quotidiennement et de ne pas savoir que cela va changer. C'est le point crucial. Je ne pouvais pas voir de lumière au bout du tunnel, et tous les jours, je suis reconnaissante d'avoir de la nourriture dans le réfrigérateur, de ne pas avoir à me soucier des factures, de pouvoir fournir à Jessie des vêtements et c'est... oui, je suis reconnaissante chaque jour. [...]

Quiconque qui a vécu une situation où il n'a absolument pas d'argent, pas de travail, j'étais dans la pauvreté – j'ai été prise dans le piège de la pauvreté. Bien sûr, j'avais des outils que beaucoup d'autres n'avaient pas, et je le savais : j'avais une éducation, j'avais un CV raisonnable ; il y avait des chances qu'à un certain moment je sorte de ce piège. Ce qui m'effrayait et qui m'effraie encore, c'était la difficulté que cela représentait, même avec mes avantages.

Les parents célibataires sont des gens qui font le travail de deux personnes, avec habituellement un troisième emploi rémunéré ; ils fournissent un soutien de diverses natures à leur enfant, un soutien matériel, émotionnel, et souvent personne ne les soutient, eux. Je dois dire, pour ma part, que je n'ai jamais senti le stigmate d'être une mère célibataire parce que je n'ai jamais laissé quiconque me stigmatiser. Je n'aurais pas pu. J'étais, je me suis sentie vraiment fière de moi. Et en faisant complètement abstraction d'Harry Potter, je suis toujours très fière d'avoir un enfant aimable, brillant et heureux. C'est, c'est la meilleure chose. [...]

Quitter mon ex-mari signifiait quitter mon travail et retourner en Grande-Bretagne avec mes affaires dans deux valises. Je savais parfaitement que j'allais droit vers la pauvreté, mais je pensais que ça ne serait l'affaire que de quelques mois avant que je ne retombe sur mes pieds. [...]

La pauvreté ressemble beaucoup à l'accouchement – vous savez que vous allez souffrir avant que ça n'arrive, mais vous ne savez jamais combien avant que vous ne l'ayez vécu. Quelques articles de journaux ont presque idéalisé l'époque où je touchais les allocations parce que le cliché traditionnel de l'écrivain affamé dans sa mansarde est tellement plus pittoresque que la réalité amère de vivre dans la pauvreté avec un enfant. [...]

J'avais un talent que je pouvais exercer sans dépenser d'argent. Quiconque pensant m'utiliser comme exemple pour montrer comment un parent célibataire arrive à s'extraire de la pauvreté pourrait tout aussi bien pointer du doigt Oprah Winfrey et déclarer qu'il n'y a plus de racisme en Amérique.

Sur l'écriture

Un conseil pour les enfants qui souhaitent devenir écrivains ? Lire. La première chose à faire est de lire, et la plus importante est de lire encore. Au début, vous imiterez sans doute vos auteurs favoris, et je pense qu'il s'agit d'une étape très importante de votre apprentissage. Et, à travers la lecture, vous n'enrichirez pas seulement votre vocabulaire, vous apprendrez aussi ce qui marche et ce qui ne marche pas, ce que vous aimez, quel genre d'écrit vous appréciez, et vous apprendrez à l'analyser, c'est pour cela que je considère qu'il s'agit de la chose la plus importante à faire. Le reste est d'accepter le fait que vous gaspillerez beaucoup d'arbres, je vous le dis. Finalement, vous en arriverez à quelque chose qui vous plait.

Sur Médecins sans frontières

J'ai travaillé pour Amnesty International, et c'est là que j'ai connu Médecins sans frontières. J'ai remarqué qu'à chaque fois, comme pour la guerre au Liban, Médecins sans frontières étaient parmi les premiers sur le terrain. C'est une organisation très efficace, et comme son nom l'indique clairement, peu importent vos croyances religieuses, votre appartenance ethnique, votre situation. Si vous avez besoin d'aide, ils vous aideront ou en tout cas ils feront tout ce qui est en leur pouvoir pour vous aider. Alors depuis que j'ai de l'argent, je les ai toujours soutenus financièrement.

Sur les morts dans ses livres

Les gens meurent, mais prêtez-vous attention quand ils meurent ? Avez-vous vraiment une idée de combien il est mal de prendre la vie d'une autre personne ? Oui, je pense que dans mon livre vous l'avez. Je pense que vous l'avez. Je pense que vous voyez que c'est une chose terrifiante. J'éprouve un énorme respect pour la vie humaine. Je ne pense pas que vous liriez l'une ou l'autre de ces morts dans le livre et penseriez, « ouais, bien, il est parti, allons-y ». Pas du tout. Je pense qu'il est très clair de voir où vont mes sympathies. Et ici nous avons affaire à quelqu'un, j'ai affaire à un méchant qui juge que la vie humaine a vraiment peu de valeur. C'est comme ça que ça se produit : une pression sur la gâchette. C'est fait. Pour toujours. C'est mauvais. C'est une chose terrible, terrible.

Sur l'intolérance

L'intolérance, cette idée que « tout ce qui est différent est mauvais », est probablement la chose que je déteste le plus au monde. J'aime explorer l'idée que toute différence est bonne, et qu'elle ne rend pas les gens inégaux. Mais il y a une autre idée que j'aime également : de manière générale, les gens oppressés ne s'unissent pas ; malheureusement, ils créent des sortes de castes, et ils se battent entre eux. C'est la nature humaine, et c'est ce qu'on voit là. Le monde magique est déjà ostracisé, et en plus, à l'intérieur de leur groupe, ils ont créé une sorte d'horrible hiérarchie.

À la fin de *la Coupe de Feu*, Dumbledore dit :

« Les différences de culture et de langage ne sont rien si nous partageons les mêmes objectifs et si nous restons ouverts les uns aux autres. » C'est ce que je pense, et c'est pourquoi je suis de gauche.

Sur la justice sociale

Je suis devenue très en colère sur les questions de privation sociale et d'exclusion. Je peux être très irritée par, et très en colère contre, les gens qui n'ont aucune idée de ce qu'on ressent quand on vit dans la pauvreté ni à quel point les injustices peuvent gâcher une vie, parfois de façon irréparable. Je deviens furieuse parce qu'il y a une partie de notre société qui n'arrive pas à faire le lien, parce que des gens ne se rendent pas compte que des problèmes qui les touchent même eux dans leur vie de tous les jours, comme la criminalité, la drogue, des choses qui touchent les classes moyennes, sont souvent la conséquence d'injustices terribles. C'est fou que les gens soient indifférents au point de ne pas chercher à corriger certains de ces problèmes. Ça me met très en colère.

II

Les influences de J.K. Rowling dans Harry Potter

Le fantôme de Charles Dickens hante toute la saga, notamment dans le premier chapitre du premier roman. Les Dursley ressemblent aux Murdstone de *David Copperfield*. Ils ont la même cruauté et la même indifférence envers le pauvre orphelin, dont ils ont la garde. Tom Jedusor vient au monde dans un orphelinat. Sa mère, très pauvre, meurt en couches, comme la mère d'Oliver Twist.

Le Seigneur des anneaux *de Tolkien*

La référence la plus commune est celle faite à la saga du *Seigneur des anneaux* de Tolkien.

La trilogie de J.R.R. Tolkien et l'heptalogie de J.K. Rowling sont d'une richesse encyclopédique et leurs admirateurs se chiffrent en millions. Les points communs entre les deux sagas ne manquent pas.

Harry Potter en Frodon Saquet

Comme lui, il porte un fardeau, dont il doit se défaire et qui pèse sur ses sentiments. Sa quête des horcruxes ressemble à celle du Hobbit qui se doit de détruire l'anneau.

Voldemort en Sauron

Mais, dans la saga, Voldemort est plus présent que Sauron (dans la trilogie, Sauron est une force maléfique sans corps) que l'on voit très peu.

On voit ainsi plus le personnage de Saroumane et l'on est plus au fait de ses motivations de personnage méchant. Tout au plus, sait-on qu'il rejoint Sauron par faiblesse et pour obtenir plus de pouvoir.

Incarnant le Mal absolu, Sauron comme Voldemort mettent une partie de leur âme dans un objet magique : l'anneau unique pour Sauron et les horcruxes pour Voldemort. Ce qui, pour tous les deux, signera leur perte.

Dumbledore en Gandalf

Les deux magiciens nous laissent la même impression. Ce sont de vieux sorciers avec la même longue barbe blanche. Malgré leur savoir et leur sagesse, ils sont portés vers l'humour et donnent de judicieux conseils. On suppose qu'ils ont dû avoir une vie bien remplie, et ils semblent connaître tout et tout le monde.

Leur prescience est remarquée. Gandalf prédit que Gollum aura encore un rôle à jouer (il détruira l'anneau involontairement), tandis que Dumbledore parie sur le rôle que jouera Peter Pettigrew.

Les deux sorciers ont des pouvoirs immenses, mais restent le plus souvent calmes et réservés. Enfin, tous deux sont infaillibles et font des erreurs, beaucoup de fautes même, que doivent rattraper leurs alliés et disciples.

Ron en Sam

L'ami du Hobbit est toujours là pour son meilleur ami. Malgré cette forte amitié, les dissensions naîtront et la colère va provoquer une importante dispute. Sans qu'elle ne soit étrangère dans les deux cas à l'horcruxe que porte Ron ou à l'anneau que porte Frodon.

Sirius en Aragorn

Là encore les points communs ne manquent pas. Ils sont tous les deux grands, bruns et forts, vêtus de capes.

Quand on rencontre Sirius et Aragorn, tous deux sont des fugitifs qui errent les routes, un rôdeur et un présumé assassin en cavale. Ils fuient du passé vers la liberté de l'avenir, accusés de fautes qu'ils n'ont pas commises.

Frodon comme Harry vont se méprendre sur leurs intentions et chacun va montrer sa noblesse et son courage.

Les Détraqueurs en Nazgul

Ce sont les mêmes créatures maléfiques, entièrement vêtues de noir, masquées de cagoules, obéissant aux ordres et se nourrissant de l'énergie positive de leurs victimes. Ils sont habités par les mêmes néfastes intentions.

Rowling a lu la trilogie de Tolkien quand elle était adolescente, mais il semble qu'elle ne l'ait jamais vraiment achevée !

Elle a lu *Bilbo the Hobbit* par la suite, après avoir achevé *Harry à l'école des sorciers*. On retrouve des araignées dans le premier et dans le livre qu'elle écrit par la suite, *La Chambre des Secrets*.

Star Wars *de George Lucas*

Harry Potter, comme Luke Skywalker, est orphelin et doit vaincre le Mal et un Dark Lord en la personne du terrible Dark Vador. Mais Luke n'est pas tout seul. Il reçoit l'aide de mentors, Obi Wan et Yoda, qui sont pour Luke ce que sont Dumbledore et Sirius pour Harry.

La princesse Leïla, la sœur de Luke Skywalker, c'est Hermione Granger.

Dans *Les Reliques de la Mort*, Harry dit à Ron qu'Hermione est comme sa sœur. Ils deviennent membres de la même famille, quand Harry épouse

Ginny et quand le frère de Ginny, Ron, épouse Hermione.

Enfin Han Solo, c'est bien sûr Ron Weasley, encore que le personnage de Han Solo soit plus baroudeur. Ils ont le même courage et le même humour, et jouent le même rôle auprès du héros de la saga.

De plus, comme George Lucas, J.K. Rowling dit avoir conçu et planifié toute sa saga dès le début. Le cinéaste avait, quant à lui, prévu six films. Il a commencé par l'épisode IV en 1977. La romancière, elle, avait prévu sept livres, pour chaque année de ses héros, jusqu'à leur majorité.

Si George Lucas a comblé les attentes de ses millions de fans en réalisant les préquelles [1] de *Star Wars* et n'est pas complètement réticent à l'idée d'une suite, Jo, quant à elle, a plusieurs fois affirmé qu'il n'y aurait pas de livre sur James et Lily Potter, la première guerre contre Voldemort et le premier ordre du Phénix. Ainsi, il n'y aura pas de *Harry Potter : Épisode 1*. Dommage ! Mais J.K. Rowling a encore beaucoup d'années devant elle et le mot « jamais » ne fait pas partie de son vocabulaire.

---

1. Nom donné à la suite d'une œuvre existant déjà écrite après la parution du film (ou du roman).

Jessica Mitford, l'héroïne de Jo

C'est l'écrivain qui a le plus influencé J.K. Rowling, dont la première fille, née le 27 juillet 1993 se prénomme également Jessica en son hommage [2]. À quatorze ans, sa grand-tante offre à Jo *Hons and Rebels,* et Jessica Mitford devient tout de suite son « héroïne » selon son mot.

> *Elle s'est enfuie de sa maison pour se battre lors de la guerre civile d'Espagne, en prenant avec elle un appareil photo acheté avec l'argent de son père. J'aurais aimé avoir le courage de faire quelque chose comme ça. J'aime la façon dont elle n'a jamais renié ses convictions d'adolescente, en restant fidèle à ses idées – c'était une socialiste autodidacte – tout au long de sa vie. Je pense que j'ai lu tout ce qu'elle a écrit. J'ai même donné son prénom à ma fille,* dit J.K. Rowling.

On comprend parfaitement au regard de cette vie tumultueuse, l'influence qu'a pu avoir Jessica Mitford sur J.K. Rowling et son personnage féminin clé, Hermione.

Jessica Mitford est née le 11 septembre 1917 à Batsford Mansion dans le Gloucestershire en Grande-Bretagne et décédée le 22 juillet 1996 en Californie.

2. Elle a d'ailleurs offert à sa fille Jessica le livre *Hons and Rebels* en souvenir de celle dont elle porte le prénom.

Elle grandit dans une riche famille anglaise et aristocratique de sept enfants, dont l'excentricité pourrait bien être le huitième.

Ses sœurs, Unity et Diana sont des admiratrices d'Adolf Hitler, tout comme leur père, lord Redasdale.

Unity a-t-elle voulu s'identifier à son serpent domestique ? Toujours est-il qu'à dix-neuf ans, elle veut rencontrer Hitler, son idole en tous points. Elle parvient à devenir une intime du Führer qui en fait une de ses familières, allant jusqu'à l'utiliser à des fins de propagande. Ses déclarations antisémites sont alors plus terribles que le venin de son serpent.

Unity jalousera la relation existant entre Hitler et Eva Braun. Elle tentera de se suicider après l'entrée en guerre de la Grande-Bretagne contre l'Allemagne nazie et gardera dans son crâne une balle, qui devra la faire succomber ultérieurement.

Diana sera la femme de sir Oswald Mosley, le chef des fascistes anglais, après son mariage raté avec l'héritier des brasseries Guinness. Elle rencontre, elle aussi, Hitler à de nombreuses reprises, qu'elle nomme le « gentil Oncle Loup ».

Les autres sœurs Mitford s'arrangent pour faire parler d'elles. Deborah devient duchesse du Devonshire et propriétaire du plus beau château de Grande-Bretagne.

Pamela, elle, renonce aux hommes et consacre sa vie aux animaux, tandis que Nancy devient écrivain (*L'Amour dans un climat froid* et *La Poursuite de l'amour*).

C'est toute la force remarquable de Jessica Mitford de parvenir à s'émanciper des carcans sociaux de l'Angleterre victorienne et de sa famille engluée dans ses préjugés.

Très vite, Jessica va être en rupture avec sa famille. Elle adhère au Parti communiste (après avoir fait la rencontre d'un certain… Dobby) et part couvrir le conflit espagnol pour un journal anglais. La guerre civile fait rage entre partisans de Franco, soutenu par Hitler et la gauche, des républicains, des trotskistes du POUM et surtout des anarchistes, qui à travers le syndicat – la CNT (Confédération nationale du travail) – représentent la plus grande force politique du pays.

Jessica tombe amoureuse d'un lointain cousin, Esmond Romily, neveu de Winston Churchill parti se battre contre les troupes franquistes au sein des Brigades internationales, qui accueille des combattants de toutes les nationalités. Ils se marient et ont un bébé, Julia, qui meurt en bas âge.

Le coupe décide d'immigrer vers les États-Unis en 1939, année qui marque le début de la Seconde Guerre mondiale. Son mari s'engage à la Royal Canadian Air

Force. Jessica vit alors dans la capitale américaine, à Washington. Elle donne naissance en 1941 à sa seconde fille, Anne Constancia.

Son époux décède la même année, après une série de bombardements contre l'Allemagne nazie. Jessica met des mois à accepter cette mort cruelle.

Deux ans plus tard, elle épouse un avocat de Brooklyn, spécialisé dans la défense des droits civiques des Noirs, Robert Edward Treuhaft. Le couple vit à Oakland en Californie et a deux enfants, Nicholas et Benjamin.

Autre tragédie dans la vie de Jessica : Nicholas, encore enfant, meurt renversé par un bus, alors qu'il se promenait tranquillement à vélo.

Jessica Mitford est alors secrétaire au Congrès pour les droits civiques. Elle mène avec son mari de nombreuses campagnes en faveur des droits des Noirs, notamment pour empêcher l'exécution de Willie McGee, un Noir du Sud, accusé d'avoir violé une femme blanche.

La première fille de Jessica poursuit le combat de sa mère et épouse James Forman, un Noir responsable de la Student Nonviolent Coordinating Committee.

Sa mère Jessica n'est pas en reste. Durant le maccarthysme, elle et son mari sont des membres actifs du Parti communiste.

En 1956, Jessica Mitford publie un pamphlet, *Lifeitselfmanship or How to Become a Precisely-Because Man*, en réponse au livre de sa sœur *Noblesse oblige.* Le titre fait allusion à la série de livre de Stephen Potter (!), *Lifemanship.*

En 1958, le couple démissionne du Parti communiste, protestant ainsi contre le totalitarisme soviétique.

En 1960, Jessica publie son autobiographie *Hons and Rebels* (titre américain *Daughters and Rebels*) qui aura une telle influence sur J.K. Rowling.

En 1961, Mitford se rend à Montgomery en Alabama, afin d'écrire un article pour *Esquire* sur le combat des Noirs et le respect de leurs droits constitutionnels. Elle défile au côté des Freedom Riders (groupe de Blancs et Noirs qui se rendaient ensemble en bus dans le Sud, mettant en cause les pratiques discriminatoires des transports entre États).

Les manifestants chantent *We shall overcome* de Pete Seeger, quand ils sont attaqués par des fascistes du Ku-Klux-Klan (les Mangemorts américains). Jessica passe la nuit suivante dans une église au côté du pasteur Martin Luther King.

L'église est à nouveau la cible des membres du Klan et Jessica reste toute la nuit barricadée à l'intérieur. La Garde nationale est contrainte d'intervenir.

Jessica Mitford publie *The American Way of Death*

en 1963. Avec ce livre, elle se fait un nom dans le journalisme d'investigation. Elle y dénonce l'« industrie de la mort » et la recherche du profit dans des funérailles ruineuses avec leurs pierres tombales hors de prix.

En 1973, elle publie *Kind and Usual Punishment: The Prison Business*.

En 1977, elle écrit *A fine old conflict*, un mémoire sur ses années au Parti communiste.

Elle meurt à l'âge de soixante-dix-huit ans des suites d'un cancer.

À la maxime de l'aristocratie britannique : *Ne jamais se plaindre*, Jessica Mitford avait ajouté « et toujours lutter ».

Shakespeare

L'œuvre entière de William Shakespeare a inspiré J.K. Rowling, comme tout auteur qui se respecte. On pense notamment à *Macbeth*.

Dans cette tragédie en cinq actes (1605) en vers et en prose, le roi d'Écosse Macbeth tue Duncan Ier juste après avoir entendu la prophétie de la sorcière, comme Voldemort tente de tuer Harry Potter après avoir eu la révélation de la prophétie du professeur Trelawney, de la bouche de Rogue. *Macbeth* est par ailleurs l'œuvre de Shakespeare préférée de Rowling.

J.K. Rowling a pu s'inspirer de *Tom Brown's Scooldays* de Thomas Hugues. L'histoire d'un enfant de onze ans qui arrive dans un pensionnat et se découvre amis et intérêt pour le rugby.

Le nom d'Hermione vient d'un des personnages du *Conte d'hiver*.

Les Chroniques de Narnia *de C.S. Lewis*

Jo a lu cet ouvrage dans son enfance, mais pas dans son intégralité. Elle est s'est dite gênée par de nombreux passages et le message subliminal prosélyte contenu dans tous les livres.

> *À un moment Susan, la fille la plus âgée, se perd à Narnia parce qu'elle a commencé à s'intéresser au rouge à lèvres. Elle est devenue irréligieuse uniquement parce qu'elle a découvert l'existence du sexe,* dit Rowling. *Cela me pose un gros problème.*

Malgré tout, Jo aime beaucoup le personnage d'Eustace dans *The Voyage of the Dawn Treader*, le troisième de la série, pour la bonté qu'il acquiert après avoir été désagréable.

On accède au monde imaginaire à travers une porte invisible aux autres. Une porte de l'armoire dans *Narnia* ; le mur au 9 3/4 de la gare de King's Cross dans

Harry Potter. La différence étant que dans *Narnia*, on accède à un monde totalement différent, tandis que dans *Harry Potter*, vous pénétrez dans un monde qui se trouve à l'intérieur d'un monde que vous pouvez voir si vous êtes un sorcier, mais invisible aux yeux des Moldus.

Les contes de fées

L'influence des frères Grimm ou de Charles Perrault se retrouve dans Harry, maltraité par les Dursley, Pétunia faisant office de marâtre.

L'orphelin en butte à des forces hostiles est récurrent dans les contes, les fées et les marraines jouant le rôle dévolu aux mentors et aux magiciens.

Si aucune fée ne s'est penchée sur le berceau de Harry, dès son enfance, l'enfant est protégé par Dumbledore et son grand pouvoir magique.

Par ailleurs, les seules références « moldue » que l'on trouve dans *Harry Potter* sont celles faites à *Cendrillon* et à *Blanche-Neige*, dans *Les Reliques de la Mort*.

Hermione les évoque à Ron, stupéfait qu'elle et Harry Potter ne connaissent pas *les Contes de Beedle le barde*, que l'on lit à chaque enfant dans chaque famille de sorcier.

Née à Steventon, Hampshire en 1775 et décédée à Winchester en 1817, Jane Austen est l'une des grandes références de J.K. Rowling.

> *C'est mon écrivain favori. J'ai lu ses livres tellement de fois que je ne peux plus les compter,* dit-elle.

Comme dans *Raison et Sentiments*, les personnages de *Harry Potter* finissent par épouser les partenaires qu'ils méritent. Comme dans *Orgueil et Préjugés*, certains personnages apprendront à surmonter leur orgueil et leurs préjugés respectifs.

Rowling n'a pu que s'inspirer de l'art d'Austen de brosser de forts personnages féminins. Emma, Elizabeth, Elinor et Marianne sont ses Hermione, Luna Lovegood et même Bellatrix Lestrange.

Et peut-être que l'art des coups de théâtre et des révélations stupéfiantes de Rowling dans *Harry Potter* vient de celui, fameux, d'Emma. Jo dit que l'héroïne est son portrait craché, ce qui explique pourquoi elle l'agace tellement !

Pour le découvrir, lisez-le !

The Little White Horse *d'Elizabeth Goudge*

Rowling a lu ce roman à de nombreuses reprises et il est bien possible qu'elle s'en soit également inspirée. Notamment dans la manière qu'avait la romancière de toujours décrire la nourriture mangée par ses personnages. Elle décrivait les aliments à l'intérieur de leurs sandwiches. Ce que l'on retrouve dans les plats préparés à Poudlard par les elfes de maison.

Le menu est toujours précisé, surtout au début de la saga, ce qui met l'eau à la bouche. Sacrés cuisiniers, ces elfes ! Gabor Csupo, le réalisateur du superbe *Bridge of Terabithian* en a fait un film avec Dakota Blue Richards (la Lea de *À la croisée des Mondes*), sous le titre *The Secret of Moonacre*.

Les Gremlins *de Roald Dahl*

(né à Llandorff en 1916 et décédé à Oxford en 1990)

Rowling s'est beaucoup inspirée de cet écrivain et auteur en 1943 des *Gremlins*. On pense notamment aux accointances entre la famille Dursley et les personnages de Matilda. Il y a de nombreuses similitudes dans l'humour des Gremlins et celui des personnages de *Harry Potter*.

Edith Nesbit

Comme Rowling, cette romancière mélange *fantasy* et roman d'aventure, comme dans l'ouvrage *The Phœnix and the Carpet*. C'est l'écrivain dont Rowling se sent le plus proche et dont elle admire l'existence. Elle la considère comme un génie.

Geoffrey Chaucer

J.K. Rowling s'est inspirée sans conteste du premier poète anglais et de ses *Contes de Cantorbéry* (1387-1400). Notons que Chaucer s'était lui-même inspiré des *Contes* de Boccace. On peut rapprocher le conte des *Reliques de la Mort* avec *The Pardoner's Tale* de Chaucer.

La légende de Sleepy Hollow

En lisant *Godric's Hollow*, le chapitre XVI des *Reliques de la mort*, un autre ouvrage m'est venu à l'esprit, *La Légende de Sleepy Hollow* de Washington Irving, adaptée au cinéma par Tim Burton. C'est l'une des rares nouvelles d'épouvante de la littérature américaine du XIXe siècle. Elle possède ce symbolisme propre aux contes de fées.

La description du village fait songer à celui, si

important, de Harry Potter : il y est né, ainsi que Godric Gryffondor et c'est l'endroit où ses parents, comme la mère et la sœur de Dumbledore sont morts et enterrés.

Le cavalier sans tête accède à son monde par un arbre où il cache les têtes de ses victimes. Cela fait songer au Saule Cogneur où Harry et Ron, en deuxième année, atterrissent avec la Ford Anglia. Ils y apprennent la vérité sur Croûtard et Sirius et enfin le serpent Naguini y tue Rogue, sur ordre de Voldemort.

Éléments référentiels dans **Harry Potter**

À peu près tous les Mangemorts sont passés par Serpentard. L'origine du nom vient d'un autre Salazar : Salazar Serpentard.

Il a des initiales qui ne laissent aucun doute sur son idéologie (SS). Par ailleurs, il porte le même nom que le Portugais (le premier mari de Rowling est portugais et sa fille Jessica est donc d'origine portugaise) Salazar qui dirigea de façon autoritaire l'« État nouveau » de 1933 à 1968, qui se voulait anticommuniste, corporatiste, nationaliste et chrétien, ce que l'on a nommé le salazarisme.

Les Chocogrenouilles et les Nids de cafards sont

inspirés des Monty Python (Jo adore les comédies britanniques).

Dans *le Prisonnier d'Azkaban*, Lupin déclare à Harry, « Ce dont vous avez le plus peur, c'est… la peur elle-même. »

Ce n'est autre que la célèbre phrase prononcée par le président démocrate américain, Franklin Delano Roosevelt (1832-1945) lors de son discours inaugural de mars 1933, qui annonce son New Deal, pour lutter contre la pauvreté qui rongeait son pays : « La seule chose dont il nous faille avoir peur, c'est la peur. »

Le prénom de Lupin est Remus. Cela fait allusion aux jumeaux Remus et Romulus, fils jumeaux du dieu Mars et de la Vestale Rhéa Silvia, élevés par une louve (Lupin se transforme en loup-garou) et fondateurs de Rome.

Visiblement, Jo aime les jumeaux. Contrairement aux autres auteurs de romans fantastiques qui font le plus souvent des jumeaux des êtres maléfiques, ses jumeaux sont gentils, beaux, sympathiques et rebelles :

– il y a les jumeaux Weasley, Fred et George, qui aiment rire et faire des blagues, et dont l'un achève les phrases de l'autre ;

– et il y a les jumelles Patil, magnifiques et qui partagent la même passion pour la divination.

Difficile de ne pas songer à Edgar Allan Poe et à sa

Maison Usher, en lisant le début de *La Coupe de Feu* qui nous emmène à la maison « des Jeux du sort ». La fin du livre nous renvoie à *l'Iliade*, l'épopée en vingt-quatre chants et en vers attribuée à Homère.

Harry rapporte le corps de Cedric Diggory, comme le fait Achille avec le corps de son ami Patrocle tué par le Troyen Hector (J.K. Rowling a lu *l'Iliade* à l'âge de dix-neuf ans et a été marquée par la profanation du corps).

Dans *Les Reliques de la Mort*, de nombreux clins d'œil sont faits à l'un des plus grands romans du XXe siècle : *1984* de George Orwell.

Ombrage ressemble à Big Brother dans son utilisation d'un œil (celui de Maudy) pour surveiller ses employés. Au ministère, sur la statue, il est inscrit en lettres capitales :

LA MAGIE PRIME SUR LA FORCE.

Ils renvoient à la novlangue utilisée par le pouvoir à satiété pour contrôler les esprits :

L'IGNORANCE C'EST LA FORCE, LA LIBERTÉ C'EST L'ESCLAVAGE ET LA GUERRE C'EST LA PAIX.

En 1968, six mois après l'assassinat de Martin Luther King, le chanteur de funk noir James Brown chante *Say it Loud - I'm Black and I'm Proud.*

Dans *Les Reliques de la Mort*, Hermione clame,

comme *the Godfather of Soul*, « Sang-de-Bourbe et fière de l'être ! »

Toujours Hermione. Elle dit à Ron et Harry : « Les temps changent », comme chante Bob Dylan avec *They Times They Are A-Changin'*.

J.K. Rowling a dit s'être inspirée de Neville Chamberlain, le Premier ministre anglais entre 1937 et 1940 pour le personnage du Premier ministre de la magie Cornelius Fudge. En effet, celui-ci minimise le danger lié aux Mangemorts, de même que le nom de Chamberlain, qui reste attaché à la politique d'apaisement que ce dernier mena à partir de 1937, cédant à toutes les exigences et provocations d'Adoph Hitler, faisant ainsi le lit du fascisme.

Tout *Harry Potter* permet à un jeune lecteur (et même plus adulte !) de comprendre quels furent les ressorts de la collaboration et son épouvantable processus, glissant au fur et à mesure vers plus d'abominations.

La religion est également une grande source d'inspiration pour J.K. Rowling qui se définit comme une chrétienne épiscopalienne en quête de foi. La jeune femme a toujours eu du mal à se définir par rapport à la religion. Elle a d'ailleurs attendu d'avoir achevé la saga des *Harry Potter* pour révéler une partie de ses influences religieuses.

Dans *la Coupe de Feu*, la coupe qu'utilisent

successivement Dumbledore et Voldemort est assimilée au Graal, la coupe qui servit à recueillir le sang du Christ.

Dans *Les Reliques de la Mort*, lorsque Harry et Hermione se rendent au cimetière de Godric's Hollow, ils lisent sur la pierre tombale des parents de Harry :

Le dernier ennemi qui sera détruit, c'est la mort.

Cette citation est tirée de la première épître aux Corinthiens 15, 26.

Sur une autre pierre tombale, celle de la mère et la sœur de Dumbledore, Kendra et Ariana, on peut lire :

Là où est ton trésor, là aussi sera ton cœur.

C'est une citation de Jésus dans l'évangile de Matthieu 6, 21.

La référence à Jésus est encore présente dans la résurrection de Harry, qui se sacrifie pour sauver tous les hommes.

Pour la première fois, un livre de J.K. Rowling et un roman de *Harry Potter* commence avec deux épigraphes empreintes de religion. Au début des *Reliques de la Mort*, on peut lire deux citations, païenne et chrétienne, extraites de *The Libation Bearers* d'Aeschylus et *Fruits de la Solitude* de William Penn. Elles vont servir de guide à J.K. Rowling pour l'écriture du tome final.

III

La philosophie de Dumbledore et de J.K. Rowling

POUR Dumbledore, tout le monde a droit à une seconde chance et même à une troisième, si tant est qu'on la demande. De même que tout le monde a le droit d'être aidé et secouru s'il en montre la volonté.

La raison en est simple. Dumbledore s'est accordé une seconde chance. Il a commis des fautes impardonnables au cours de son existence. Quand il était jeune, il s'est laissé tenter par le contrôle des Moldus. Avec le sorcier Grindewald qu'il a aimé, il a causé la mort accidentelle de sa sœur et, par excès de vanité, il a cru, à l'instar de Voldemort, pouvoir vaincre la mort.

Les défauts de Dumbledore dont la vanité et l'arrogance l'ont éloigné du pouvoir. Il a constaté les dégâts commis quand il a embrassé les idées du mage Grindewald. C'est pour cette raison qu'il n'a jamais accepté d'exercer de plus hautes responsabilités que celle de directeur de l'école de Poudlard.

Avec plus d'autorité entre les mains, le sage Dumbledore que l'on connaît, aurait pu faire plus de mal que de bien.

Dans les limbes de King's Cross, il le dit à Harry Potter :

> *Peut-être que les plus aptes à exercer le pouvoir sont ceux qui ne l'ont jamais recherché.*

On ne peut s'empêcher de penser à des hommes tel Nelson Mandela, devenu président de l'Afrique du Sud, après avoir été emprisonné durant la politique raciste de l'*apartheid*.

Tout au long de la saga *Harry Potter*, les mots et discours de Dumbledore sont empreints d'humanisme. Il exalte le courage, la justice, la fraternité, l'amitié et l'amour. Dumbledore veut faire une place à chacun. Il est prêt à tendre la main à tous les réprouvés. Il accueille ainsi Lupin, même s'il sait que ce dernier est un loup-garou, aussi bien quand il était élève à Poudlard que, plus tard, quand il est nommé professeur de Défense contre les forces du Mal.

Dumbledore est très ferme sur de nombreux principes. Son apparence sympathique et sa distanciation des choses laissent à penser que c'est un sorcier farfelu et désinvolte. C'est tout le contraire. Dumbledore adopte une attitude, mais il n'est pas du tout comme ça. En fait, il fait toujours preuve d'humour et d'ironie, y compris avec les professeurs, mais tous savent très bien que derrière le sage farceur se cache le plus grand sorcier de tous les temps.

Au moment où sévit la panique à la suite de l'évasion de Sirius Black d'Azkaban, il refuse que les Détraqueurs pénètrent à Poudlard, ce qui revient à dire son refus de voir des agents de l'ordre maléfique à l'intérieur des murs de son école.

On ne sait pas trop quelle était alors la politique des anciens directeurs de Poudlard. On peut supposer, selon ce que l'on connaît des anciens directeurs quelle fut leur attitude. Phineas Nigellus, l'arrière-arrière-grand-père de Sirius Black devait être très différent. Dialoguant avec Rogue, il désigne Hermione par l'insulte raciste et péjorative de « Sang-de-Bourbe », ce qui veut tout dire.

Pour Dumbledore, tout le monde a droit à une place à Poudlard à partir du moment où il possède un don pour la magie.

Dumbledore a œuvré toute sa vie au rapprochement entre les pays et à l'amitié internationale entre sorciers. Il a œuvré pour la paix avec tous, y compris les créatures hostiles comme les géants ou, dans une moindre mesure, les centaures. Tout au long de sa vie, il a tissé des liens avec tous les peuples, et ses connaissances sont vastes et infinies, notamment sa pratique des langues étrangères.

Ce qui ne signifie pas que Dumbledore ait toujours été irréprochable ! Mais c'est le propre des maîtres de devoir faire des erreurs afin que leurs élèves réussissent pleinement leur initiation.

Songeons à Yoda dans *Star Wars* qui n'a pas vu la fourberie de Palpatine ou à Obi Wan Kénobi qui, comme il le dit lui-même, a échoué dans la formation d'Anakin Skywalker devenu Dark Vador ou bien encore à Gandalf dans *Le Seigneurs des anneaux*, qui n'avait pas compris à temps la duplicité de Saroumane.

Dumbledore n'est pas exempt de défauts. Quand on connait le passé de Serpentard et ce qu'il préconisait, on peut aisément s'interroger :

– Pourquoi laisser une maison Serpentard à l'intérieur de l'école ?

– À partir du moment où cette maison ne forme que des gens fourbes… n'aurait-il pas mieux valu que cette maison soit fermée ?

D'ailleurs, le Choipeaux magique décide en sondant l'élève quelle sera sa place, mais le fond de sa pensée est claire. On l'apprend à travers les chansons de sa composition où il met en garde contre la division et la haine.

Le Choipeaux magique a le même fil de pensée que

Dumbledore, et il veille toujours à rappeler les principes de justice et d'égalité, traditionnels à Poudlard.

Dumbledore est-il un bon directeur d'école ? La question, aussi choquante qu'elle puisse paraître de prime abord mérite d'être posée.

Il apparaît comme étant quelque peu détaché. Son savoir l'isole des autres. De plus, il n'a pas retrouvé la trace de la Chambre des Secrets. Il n'a pas pris les mesures adéquates pour assurer la sécurité des élèves. De même, il laisse s'installer l'oppression fanatique d'Ombrage à l'intérieur de l'école.

Peut-être ne pouvait-il pas faire autrement ? Certes. En revanche, on se demande pourquoi Dumbledore ne la surveille pas de plus près…

Avant Ombrage, il y avait eu Quirrell, le premier professeur de Défense contre les forces du Mal de Harry Potter, Ron et Hermione et qui œuvrait dans le secret pour Voldemort.

Au ministère de la Magie, au sein du département des Mystères, le combat entre Harry et Lestrange semble durer des siècles et une seule question résonne dans notre tête : mais où est Dumbledore ?

De même Dumbledore a-t-il sciemment laissé les Dursley maltraiter Harry ? Tout laisse à penser qu'il connaissait les brimades dont était victime le jeune Harry. Il aurait pu protester auprès de la marâtre, menacer le couple et leur faire peur afin que ceux-ci, à défaut de témoigner de l'affection à l'enfant, lui assurent néanmoins une alimentation saine, équilibrée et un peu de confort.

Dumbledore ne l'a donc pas fait. Pourquoi ? était-ce pour endurcir Harry ? Sachant quel allait être son destin exceptionnel, Dumbledore ne voulait pas que Harry soit un « petit prince gâté » comme il le lui révèle lors de leur fameux et poignant échange qui se situe à la fin de *L'Ordre du Phénix*.

Dumbledore est un personnage redoutable, le sorcier le plus expérimenté de son temps, le seul que Voldemort ait jamais craint, pourtant Dumbledore est la personne la moins fière et arrogante du monde de la magie. Il affiche au contraire un ton toujours aimable, désinvolte, rieur et adore plaisanter. Toute sa personne semble dire : « Ne nous prenons pas trop au sérieux, nous sommes tous mortels. »

Il est détaché des choses et on ne lui connaît aucun bien matériel. Il adore les sucreries, et le mot de passe pour accéder à son bureau porte toujours le nom d'un bonbon qu'il aime.

S'il est philosophe, Dumbledore est tour à tour psychanalyste ou psychologue. En fait, cet homme-orchestre est avant tout un humain qui donne des conseils de bon sens. Même mort, Dumbledore continue de guider Harry (comme Obi Wan le faisait pour Luke Skywalker). Dans les limbes de King's Cross, quand Harry se trouve entre la vie et la mort, c'est l'esprit de Dumbledore qui s'adresse à lui.

L'erreur est humaine. Et Dumbledore en a commises de nombreuses, dont la plus grande est celle d'avoir provoqué la mort de sa sœur. Il a également eu tendance à traiter Harry comme une marionnette, en lui cachant beaucoup trop d'éléments importants.

À la fin de *La Coupe de Feu*, il exhorte les élèves à suivre la voie tracée par Cedric Diggory. Non pas en se sacrifiant, mais en se battant, si besoin est contre leurs parents et l'autorité politique. Il préconise ainsi une sorte de désobéissance chère à Thoreau. Pour le sorcier, il est légitime de se dresser devant toute autorité injuste, qui ne trouve pas de justification.

Cette mise en garde a choqué certains lecteurs, enfants et parents. Rowling ne se dérobe pas. « La décision de Dumbledore est la mienne à cent pour cent », dit-elle. La philosophie de Dumbledore, c'est bien sûr celle de l'écrivain :

> *L'aptitude de Lord Voldemort à semer la discorde et la haine est considérable. Nous ne pourrons le combattre qu'en montrant une détermination tout aussi puissante, fondée sur l'amitié et la confiance. Les différences de langage et de culture ne sont*

rien si nous partageons les mêmes objectifs et si nous restons ouverts les uns aux autres.

Ses mots forment un résumé parfait à la fois de ce que pensent Dumbledore et J.K. Rowling.

Dumbledore, malgré toute son intelligence, n'a commencé à véritablement s'ouvrir qu'avec Harry, le fils qu'il n'a jamais eu. S'il avait été plus ouvert, plus enclin à partager son savoir, à le confronter à d'autres, c'est toute l'histoire de Poudlard qui eût été différente. Mais cela est une autre histoire…

IV

La tragédie de Rogue

TRAGIQUE au sens shakespearien du terme. Rogue est peut-être le personnage le plus fascinant de la saga avec Dumbledore, car le plus sujet à toutes les spéculations.

La prouesse de J.K. Rowling est que durant les sept tomes de la saga, jusqu'à la fin, on ne sache pas véritablement si Rogue est du côté du Mal ou non (même si une lecture attentive faisait pencher la balance vers la seconde option).

Severus Rogue est le héros de la saga ou plutôt l'anti-héros. La figure de l'ennemi déjà. Rogue est vêtu de noir des pieds à la tête. Il a un physique peu avenant, des cheveux filasse graisseux et un nez crochu, en dessous d'un regard noir et hostile.

Tout dans sa personne inspire l'antipathie. De tous les personnages de la saga, Rogue est celui dont on identifie le plus la figure à celle de l'acteur de la série de films, interprété par Alan Rickman.

Comment le lecteur a-t-il pu croire Rogue coupable ? Durant des années, et surtout après la sortie du *Prince de sang-mêlé*, la blogosphère Potter a débattu entre les pro- et les anti-Rogue. Entre ceux qui le jugeaient maléfique, et ceux qui pensaient qu'il était du côté de Dumbledore et du Bien…

Pouvait-on le croire coupable ? Écrire *a posteriori* que non est un peu facile, mais non mensonger.

À de nombreuses reprises, Dumbledore assure à Harry qu'il a toute la confiance de Rogue. À la fin de *La Coupe de Feu*, dans le cimetière, Voldemort déclare à Harry : « Quant au dernier, il reste mon plus fidèle serviteur et travaille déjà pour moi. » Il fait bien entendu référence à Rogue.

Toujours à la fin de *La Coupe de Feu*, Dumbledore s'adresse à Rogue, à qui il a demandé de se serrer la main de Sirius : « Severus, vous avez ce que je dois vous demander. Si vous y êtes prêt… » Ce à quoi, Rogue répond qu'il est prêt et part accomplir sa mission.

Finalement, Rogue a tenu informer Harry de son entrisme chez les Mangemorts plus tôt qu'on ne le pense. Lors des leçons d'occlumancie, quand Harry lui dit en substance et sans avoir pu se retenir que c'est son travail de découvrir ce que trament les Mangemorts et Voldemort, Rogue lui répond que « c'est en effet "son" travail. »

Harry ressent tristesse et colère en réalisant qu'il n'est pas comme son père ; jamais lui ne prendrait plaisir à humilier une personne comme l'a fait son père contre Rogue. Il s'aperçoit qu'il ressemble au professeur qu'il déteste. Ayant dû subir lui aussi les brimades de ses camarades de classe, il peut ressentir pleinement la colère et la rancœur de Rogue.

Severus Rogue aurait pu avoir un grand avenir dans le monde des sorciers. Dès son plus jeune âge, il s'est montré très brillant.

Ses compétences en sorcellerie sont très grandes : elles vont de la connaissance des potions, pour lesquelles il a montré un talent très précoce, jusqu'à la défense contre les forces du Mal. C'est également un excellent *occlumens*, ce qui explique qu'il ait pu duper Voldemort lui-même sur ses véritables intentions. Il est en outre un excellent *legilimens* : il peut lire des fragments de pensée.

Enfin, Rogue, tout comme Dumbledore, est au fait des mystères de la magie noire. Quand Dumbledore est blessé mortellement par l'horcruxe contenant une vieille malédiction rongeant sa main, seul Rogue est capable d'en limiter les effets.

Rogue a toujours su sa valeur. Très tôt, il se nomme d'un surnom plein de grandiloquence, le Prince de sang-mêlé. Au passage, il ne se dérobe pas devant ses origines moldues et, mieux encore, les revendique fièrement.

Si Rogue rejoint les Mangemorts, ce n'est pas pour leurs idées raciales qu'il réprouve, c'est pour devenir un personnage puissant. De prime abord, il ne réalise pas la teneur de son adhésion aux Mangemorts, il ne réalisera que plus tard, quand ces derniers touchent à celle qu'il aime. Si Voldemort ne s'en était pas pris à Lily Potter, Rogue serait peut-être resté un Mangemort…

Il a demandé à Voldemort d'épargner Lily, mais le mage noir a refusé. Pour Voldemort, cette demande n'était qu'un simple désir pour une femme. Ne pouvant pas comprendre l'amour, à ses yeux, cela reste bestial.

La fin du sixième tome, *Le Prince de sang-mêlé*, est certainement l'un des passages les plus forts de la saga. Le climax de la mort de Dumbledore par Rogue a alimenté toutes les interrogations et toutes les discussions.

Aux yeux de certains, il était coupable, pour d'autres, dont j'avoue humblement avoir fait partie, Severus Rogue était innocent.

Le simple fait que Dumbledore lui ait accordé sa confiance aurait pu suffire. Mais ce n'était pas tout.

Le sens de la dispute qu'il a avec Dumbledore nous éclairait déjà beaucoup. Dumbledore ne pouvait pas ne pas savoir que les tentatives d'assassinat de Drago le visaient, lui. Il dit à Rogue que celui-ci doit accomplir ce pour quoi ils se sont mis d'accord. À savoir le tuer pour épargner Drago de la vengeance de Voldemort, et pour que Rogue puisse continuer à servir l'ordre du Phénix et faciliter l'énorme tâche que doit accomplir Harry.

Dans la tour, dès qu'il aperçoit Rogue, Dumbledore le supplie par ces simples mots terrifiants : « Severus, s'il te plaît. » Comment pouvait-on penser un seul instant (à commencer par Harry) que Dumbledore pouvait supplier Rogue de l'épargner.

L'acceptation de la mort est l'un des leitmotivs de Dumbledore. Il ne la craint pas et le déclare à maintes reprises à Harry. Si Dumbledore a cherché à posséder les reliques de la mort, ce n'est pas tant pour lui que pour retrouver son père, sa mère et sa sœur et pouvoir se faire pardonner.

Une fois que Dumbledore a été tué par le plus effroyable des Sortilèges Impardonnables, l'Avada Kedavra, Rogue s'enfuit de la tour, laissant Harry, qu'il sait bien présent.

Quand Harry, fou de rage, surgit pour le tuer, Rogue dévie tous ses sorts et surtout lui demande de continuer à fermer son esprit.

De même, il empêche un Mangemort de le torturer

à mort. Il laisse la vie sauve à Harry, alors qu'il aurait très bien pu le mettre hors d'état de nuire et le transporter avec lui pour le remettre à Voldemort.

N'oublions pas que Rogue est un immense sorcier, certainement le meilleur dans l'Ordre.

Le seul moment où Rogue perd toute sa contenance, c'est quand Harry le traite de « lâche ». Pour comprendre sa fureur, il faut réaliser la peine qu'il ressent. Il vient de perdre son plus proche ami et c'est lui qui l'a tué. Il doit se rendre à nouveau auprès de la personne qui a tué la femme qu'il a aimée, et gardons toujours à l'esprit que quand il voit Harry, c'est toujours James Potter, son rival et ennemi qu'il a en face de lui. Alors, il peut difficilement accepter de se faire traiter de « lâche ».

On pouvait par ailleurs très bien subodorer l'amour que portait Rogue à Lily, la mère de Harry. Alors que Rogue n'a jamais pu s'empêcher de dire du mal de James Potter devant Harry, il n'a jamais un mot méchant à l'encontre de Lily.

On rétorquera qu'il la traite de Sang-de-Bourbe dans sa jeunesse, mais n'oublions pas qu'il s'agit, comme l'écrit Rowling dans le titre du chapitre en question, du « pire souvenir de Rogue ». À ce moment-là, Rogue n'a pas pu supporter que Lily soit témoin de l'humiliation qu'il vient de subir, à cause de James Potter.

D'autant qu'il savait que Lily ressentait de l'affection pour James Potter.

En ce sens, Rogue est un contrebandier. Il agit subrepticement. Tout son personnage symbolise en fait la saga de *Harry Potter*.

J.K. Rowling semble nous dire : « Ne vous fiez pas aux apparences. » Il faut aller plus loin que la première impression et toujours regarder derrière le miroir…

Lupin est peut-être habillé pauvrement et c'est un effroyable loup-garou, mais il se révèle le plus compétent et le plus gentil professeur de Poudlard. Il donnera sa vie en se battant contre Voldemort.

Hagrid a l'air d'une grosse brute, mais il cache un cœur d'or gros comme son poing massif.

Dumbledore semble tout savoir et il commet pourtant de nombreuses erreurs.

Neville a l'air gauche et maladroit, il sera cependant l'un des plus grands Résistants de l'armée de Dumbledore et le seul à s'opposer à Voldemort, quand le mage noir rapporte le corps de Harry dans Poudlard.

Luna Lovegood semble folle, elle est au contraire d'une grande lucidité sur de nombreux points, n'hésite jamais à dire ce qu'elle pense, et se montre également très courageuse.

Les Malefoy sont toujours soigneux, mais sous des

dehors exquis et démodés ils ont des idées abjectes faites d'extrémisme et de préjugés.

Cornelius Fudge est un ministre présentable et sérieux, derrière lequel se cache un aspirant dictateur.

Dolorès Ombrage s'exprime calmement et suavement, mais ses « hum hum » et ses tenues bourgeoises dissimulent une femme raciste et autoritaire.

Jusqu'à Voldemort lui-même que J.K. Rowling décrit comme étant un jeune homme très beau, intelligent et charismatique (un peu comme le Steeforth de Charles Dickens dans *David Copperfield*) mais s'avère être un monstre au propre comme au figuré.

Derrière le vernis de chacun, dès que l'on gratte, on aperçoit d'autres couches qui complètent la description que l'on se faisait des personnages.

Le constat fonctionne aussi pour le roman. D'abord conçu comme un roman d'apprentissage destiné à des enfants, la saga devient un réquisitoire contre la censure et une ode à la différence, et s'achève sur une dimension sombre. On réalise alors qu'il s'agit de grande littérature tout simplement.

Harry apprend la vérité sur Severus Rogue en même temps que lui (du début à la fin de l'histoire, nous voyons tout ce monde à travers ses yeux). Après avoir été tué par Naguini, sur ordre de Voldemort, Rogue laisse à Harry ses derniers souvenirs pour la Pensine.

Découvrant toutes les pièces, Harry peut, tout comme nous, reconstituer le puzzle et se refaire le film de leurs relations.

L'adolescent prend alors la mesure de tous les sacrifices subis par Rogue. Il réalise la grandeur de son abnégation et comprend à qui appartenait le Patronus de la biche qui les a sauvés, lui et Ron. D'ailleurs, Rogue ne pouvait pas être un Mangemort, car ceux-ci sont incapables de produire un Patronus !

Nous comprenons ensemble que Rogue a racheté ses fautes. Sa rédemption lui a été offerte grâce à l'enfant unique de celle qu'il aimait, Lily Evans Potter. Ce qui n'a pas été simple. Rogue a été jusqu'au bout un homme froid, rongé par l'amertume et les regrets. Et l'on ne pourra pas oublier que tout au long de la saga, il s'est comporté durement envers Harry, multipliant les retenues contre lui et l'humiliant avec jubilation en classe.

Jusqu'à la fin, Rogue a été guidé par ces deux sentiments opposés, l'amour et la haine, à travers le couple Potter. S'est-il demandé si Lily aurait pu l'aimer s'il n'avait pas eu ses mauvaises fréquentations et cette attirance pour la magie noire ? On n'est pas près d'oublier son dernier face-à-face avec Voldemort quand, sourd aux paroles de Jedusor, il ne cesse de lui dire : « Laissez-moi vous apporter le garçon. » En mourant,

Rogue accède à la rédemption qu'il cherchait depuis sa faute. Harry nommera son troisième enfant et second garçon, Albus Severus. En l'honneur « du plus brave homme que j'aie jamais connu », dit-il.

V

Éloge du métissage et de la différence

HARRY POTTER, c'est l'éloge de la tolérance. Tout au long de la saga, J.K. Rowling montre les méfaits d'hommes et de femmes, sorciers dits de souche, qui tentent par tous les moyens de brimer les sorciers dits impurs.

La première fois que l'on entend l'injure raciste Sang-de-Bourbe, c'est de la bouche du fils à papa Drago Malefoy, après qu'Hermione a insinué que son recrutement dans l'équipe de Quidditch ne tenait non à son véritable talent, mais à son argent et à sa position sociale. L'insulte choque tous ceux qui l'entendent. Par la même, Harry découvre une injure raciste qu'il entend pour la première fois.

Comme le lecteur, Harry est surpris que le monde de la magie puisse ressembler au nôtre, au monde des Moldus, et qu'il puisse y avoir de la haine, de l'intolérance et des préjugés. À mesure que la société se dégrade et glisse vers le totalitarisme, cette terrible injure « Sang-de-Bourbe » va se banaliser. Au point même qu'à la fin, Hermione, s'appropriant cette injure, la reprend à son compte et se dit fière d'être une Sang-de-Bourbe.

Quatre grands sorciers et sorcières fondèrent Poudlard, il y a plus de mille ans. Salazar Serpentard, Rowena Serdaigle, Helga Poufsouffle et Godric Gryffondor recherchent alors des enfants de toutes les origines et de tous les milieux sociaux pour parfaire leur éducation magique.

Les enfants de sorciers comme de Moldus sont les bienvenus à Poudlard s'ils manifestent un don pour la magie. Ce n'est que lorsque l'un des sorciers, Serpentard, change d'avis et décide d'ouvrir les portes de Poudlard uniquement aux enfants issus de familles de sorciers, que les dissensions éclatent.

Sa demande de sélection raciale étant rejetée par les autres fondateurs, Serpentard quitte l'école, non sans avoir créé la Chambre des Secrets, censée n'être ouverte que par son futur héritier, qui accomplira son dessein fanatique, à savoir Voldemort.

Dans *La Coupe de Feu*, lors de la coupe du monde de Quidditch, Harry réalise que l'Angleterre n'est pas le seul royaume abritant des sorciers, mais que sorcières et sorciers sont présents dans tous les pays de la planète, unis par leurs liens magiques.

Il est là encore témoin d'actes racistes ignobles commis par les Mangemorts. Ces derniers, cachés derrière des cagoules pointues, qui font inévitablement songer à celles que portaient les racistes du Ku-Klux-Klan américain, terrorisent une famille de Moldus.

Sirius rappelle à Harry, Ron et Hermione que beaucoup de gens, avant que Voldemort ne montre son vrai visage, étaient sensibles aux idées ouvertement racistes qu'il exposait. Par ce biais, Rowling critique ceux qui se servent des peurs et des préjugés pour parvenir au pouvoir en exploitant le racisme.

> *— Vous accordez beaucoup trop d'importance, comme vous l'avez toujours fait, à la prétendue pureté du sang ! Vous refusez de reconnaître que ce qui compte, ce n'est pas la naissance, mais ce que l'on devient !* déclare Dumbledore/Rowling au ministre de la Magie Fudge.

Au moment où il apprend la prophétie, Voldemort choisit un sang-mêlé comme lui pour en faire son égal, à savoir Harry Potter, alors qu'il aurait pu le faire d'un sang-pur, tel Neville Londubat, né le même jour que Harry.

Les Gaunt, la famille de Jedusor, ont glissé de l'héritage prestigieux de Serpentard à la déchéance en raison « d'une fâcheuse habitude de se marier entre cousins », comme le dit Dumbledore à Harry.

Rowling fait l'apologie du métissage. Dans *Harry*

Potter, les mélanges les plus beaux et les plus curieux se forment : anglais (Potter) et asiatique (Chang), sorcier dit pur (Ron Weasley) et sorcière dite impure (Hermione) ou bien encore loup-garou (Lupin) et sorcière (Tonks).

Voldemort et ses Mangemorts sont une représentation symbolique des Nazis. C'est ce que tout le monde s'accorde à reconnaître. Mais je ne pense pas que Rowling ait uniquement écrit ses romans comme un rappel des horreurs fascistes. En vérité, l'auteur veut nous alerter sur les dangers du monde d'aujourd'hui, à travers des réminiscences du passé. Elle nous demande d'être vigilants à chaque instant afin de préserver le vivre ensemble et la démocratie.

À la fin de la saga, après la mort de Voldemort, tout le monde est réuni. Il n'y a plus de sang-pur, plus de sang-mêlé et plus de maisons. Tout le monde est réuni autour des tables : centaures, sorciers, elfes et fantômes... Il ne manque plus que les Moldus !

VI

La défense des plus faibles

QUAND Harry Potter, malgré lui, a terrassé Voldemort, il a semblé à beaucoup que c'était une aube nouvelle, une renaissance. À cette époque, les elfes de maison ont été submergés d'espoir. Si la vie a été moins dure pour eux, ils n'en sont pas moins demeurés des esclaves.

Personne ne sait de quand date l'esclavage des elfes, si ce n'est qu'il dure depuis des siècles. Et, chose surprenante, personne n'a jamais songé à y mettre fin. Cela allait de soit. Les plus grands sorciers n'ont jamais rien fait pour changer cette situation, y compris Dumbledore.

Pour ce faire, il fallu attendre l'arrivée d'Hermione Granger. Grande lectrice, curieuse par nature et ouverte à tout, Hermione proteste du peu de cas fait des elfes dans les livres d'histoire.

Les gobelins, quant à eux, se sont révoltés durant le XVIIIe siècle. Mais leur liberté n'a jamais été accordée par le monde de la magie, qui a perpétué cette injustice et a continué de les brutaliser.

Joanne Rowling nous encourage à lutter. L'indignation n'est qu'un pis-aller et ce n'est pas suffisant. Pour faire changer les choses, il convient de s'organiser et de passer à l'action. Dans *Harry Potter*, les personnages se préoccupent les uns des autres et tentent de transformer la colère inscrite dans la révolte pour obtenir le changement.

Hermione est triste de voir que même parmi ceux qui sont enclins à faire évoluer cet état de fait et se montrent sensibles à ces idées, il n'y a personne qui soit capable de franchir le pas et de lutter.

Tout le monde objecte à Hermione que les elfes de maison sont satisfaits de leur sort et ne veulent pas êtres libres, Hermione réplique en disant que c'est uniquement parce qu'ils n'ont pas reçu d'éducation. Elle touche ici l'un des points essentiels de la révolte. Avant un éventuel soulèvement, il faut avant tout une prise de conscience. S'il l'on ne réalise pas que l'on est opprimé, on croit que c'est dans la norme de l'être. Et ainsi rien ne peut véritablement changer.

Pour ne donner qu'un exemple parmi des milliers d'autres, pour que les Noirs se révoltent et mettent fin à leur condition d'esclaves puis de citoyens dépourvus des droits fondamentaux, il leur a fallu une longue prise de conscience et qu'ils soient aidés par d'autres.

Hermione compte sur l'effet boule de neige qu'aurait la libération d'un elfe heureux. C'est en manifestant sa joie d'être libre qu'il permettra de donner la liberté à d'autres. Elle va jusqu'à vouloir contraindre ceux qui restent favorables à l'esclavage des elfes de leur faire subir les mêmes conditions de vie. « Ne fais à personne ce que tu ne voudrais pas que l'on te fasse » est son adage. Si l'on s'était mieux conduit avec Kreattur, jamais il n'aurait trahi Sirius. Regulus change d'avis et décide de ne plus être un Mangemort, après la tentative d'assassinat de Voldemort sur l'elfe de maison.

Le mage noir méprisait les elfes et n'aurait jamais imaginé qu'ils puissent posséder une forme de magie que lui-même ne possédait pas : ainsi Kreattur a pu s'enfuir quand Voldemort l'a abandonné sur une île infestée d'Inferis, il ne se doutait pas que ce dernier s'enfuirait en transplanant.

C'est quand Harry commence à témoigner de la compassion, que l'irascible elfe de maison se met à changer.

Ainsi que le lui a expliqué Hermione, un elfe s'approprie l'idéologie de ses maîtres, surtout si ceux-ci se conduisent bien avec lui et lui assurent de bons traitements. C'est pourquoi Kreattur continue de soutenir les Black après leur mort, bien qu'il soit ensuite au service de Sirius, puis, à sa mort, à celui de Harry.

Le monde de la magie ne vaut pourtant pas mieux que le monde des Moldus. Dans chacun de ces mondes prévalent l'injustice et l'inégalité sociale avec de stupéfiants écarts de richesse. D'un côté, il y a des riches comme les Malefoy qui vivent dans un manoir et, de l'autre, les Weasley qui se serrent les uns contre les autres dans une petite maison. On constate néanmoins que le bonheur règne chez les Weasley, alors que chez les Malefoy, on se croirait dans un cimetière.

Si la famille Weasley manifeste toujours une bonne humeur constante face aux difficultés financières, Ron, lui, ressent souvent les divers problèmes liés au manque d'argent de ses parents. Dans *La Coupe de Feu*, il lâche un lapidaire : « J'ai horreur d'être pauvre. » Rowling a résolu le problème pour Harry. Son père James Potter a reçu un important héritage, qu'il laisse à Harry dans la banque des sorciers. Harry est à l'abri du besoin et tout désintéressé qu'il est, manifeste souvent de la honte pour son argent, alors que son meilleur ami est pauvre.

Rappelons que J.K. Rowling vivait en dessous du seuil de pauvreté quand elle commence à écrire *Harry Potter*. Sans argent, elle a tout de suite voulu régler ce problème pour Harry.

Lupin a beau être pauvre lui-même (le fait d'être

un loup-garou l'empêche de travailler), il rassure Mrs Weasley en lui confiant que, si elle venait à disparaître, il prendrait soin de ses enfants. La solidarité joue à plein.

Lors du second règne de Voldemort, les Résistants protègent les Moldus des sorciers en mettant en place des barrières de protection magique.

– Il n'y a qu'un pas entre « les sorciers d'abord » et les « sang-pur d'abord », déclare Kingsley Shacklebolt sur la Radio-Potter. On pense alors aux politiciens ayant recours à ces mêmes raccourcis racistes : « Américains d'abord/Français d'abord », etc.

Les Résistants savent que si Voldemort venait à triompher, le plus dur serait pour les Moldus, qui vivraient totalement assujettis, bien que la situation des sorciers sous le règne de Voldemort ne soit guère fameuse. Quand il se rend à Londres, Harry s'aperçoit que la pauvreté y est très répandue. Des mendiants gisent un peu partout dans les rues sur les trottoirs, alors que ce n'était pas le cas auparavant.

La peur et les préjugés apportent sur un plateau le pouvoir à un manipulateur, Voldemort. Là encore, inutile d'avoir fait de l'histoire, tant les exemples abondent. Exemples qui sont par ailleurs pas tous issus du passé, mais également de notre présent. Ici et maintenant, dans notre monde.

VII

La facilité et le combat

FACE au règne de Voldemort, les réactions sont diverses. Il y a la passivité devant les événements, qui semble être la plus répandue (quand Ron, scandalisé par le traitement réservé aux enfants de Moldus, dit que les gens ne vont pas rester sans rien faire, Lupin lui répond que c'est exactement ce qu'ils font), la neutralité, la collaboration et la participation active.

C'est cette dernière option que choisit d'adopter Dumbledore quand il fonde l'Ordre. L'ordre du Phénix ressemble aux Résistants de tous les temps et de toutes les époques, contraints de fuir et de se cacher pour survivre.

Des actions entreprises par l'ordre du Phénix contre Voldemort et ses Mangemorts, on ne sait rien ou pas grand-chose.

La vraie résistance vient des adolescents. Les adultes

sont en retrait, parlent à voix basse, tiennent des conciliabules secrets qui ne laissent rien deviner de leur engagement. Ce sont les jeunes autour de seize et dix-sept ans qui entreprennent le plus d'actions.

En cela, Rowling est fidèle à la réalité : dans toute époque trouble, les Résistants ont toujours été des jeunes gens. Idéalistes, pleins d'énergie et refusant le fatalisme de leurs aînés, ils se lancent corps et âmes dans le combat.

En France, par exemple, les Résistants contre Pétain et la collaboration avec l'Allemagne dès 1940 étaient souvent des jeunes autour de la vingtaine…

Tout le vocabulaire propre à la résistance est évoqué dans *Harry Potter* : la lutte, le sacrifice, le courage, la radio, la clandestinité, la trahison, les complots et les messages codés.

Dans l'Ordre du Phénix, Sirius est le plus à plaindre. Injustement accusé du meurtre de Moldus, il passe par tous les états inhérents au statut de résistant. Il est emprisonné des années dans un cachot d'Azkaban entouré des plus horribles créatures du monde, les Détraqueurs. Plus tard, il est obligé de se cacher dans une caverne, le plus souvent transformé en chien. S'il fuit ensuite dans un pays chaud, il sort de sa retraite afin de surveiller Harry et d'être plus près de lui dans un naturel souci de protection.

Toujours en fuite, recherché par le ministère de la Magie, il est contraint de rester terré au quartier général de l'Ordre, 12, square Grimmaud, endroit où il a laissé tous les souvenirs liés à sa famille raciste, qu'il déteste.

Et enfin, il trouve la mort, tué par Bellatrix Lestrange, alors qu'il cherchait à secourir Harry et l'armée de Dumbledore.

Martyr pour la cause contre Voldemort, Sirius a perdu au fil des ans ses amis et sa beauté, avant de trouver en Harry le fils qu'il n'a jamais eu.

Si Sirius clame aux jumeaux qu'il y a des causes qui méritent de mourir pour elles, il ne le fait pas à la manière d'un « saint Jean Bouche d'Or qui prône le martyre » comme chante Brassens dans *Mourir pour des idées*, car lui, offre sa vie pour Harry et la lutte contre Voldemort. Son engagement va jusqu'à l'extrême et son abnégation est totale.

Dumbledore exhorte les élèves de Poudlard à choisir entre « le bien et la facilité ». La facilité, selon Rowling, c'est aussi de ne pas se tenir informé, de rester passif devant les événements.

Quand Harry regarde le journal télévisé, Vernon lui répond vertement que ce n'est pas de son âge.

Harry est également stupéfait que ses camarades de Poudlard n'en soient pas à commenter les agissements de Voldemort et à s'en émouvoir… Il aimerait que des groupes d'élèves se forment et discutent du cours des événements, plutôt que s'adonner à des jeux futiles, ne prenant pas en compte le monde réel.

Finalement, très peu d'élèves choisissent le combat : l'armée de Dumbledore compte une quinzaine de membres sur les trois cents élèves que compte Poudlard ! On le voit, c'est très peu, mais les changements se font toujours avec le concours des minorités. Au moment de s'engager, il est très dur de sacrifier son confort ou son avenir pour des idées. Encore faut-il être imprégné de ces idées.

Même au moment où les Mangemorts prennent le contrôle de Poudlard (limité car c'est en fait Rogue qui tire les ficelles, honorant la promesse faite à Dumbledore), l'AD est forte de quelques élèves seulement.

Cette armée des ombres recourt à des moyens de résistance les plus inattendus, comme celui de faire des graffitis sur les murs de l'école !

Neville Londubat ne pourrait pas être plus clair, quand il déclare à Harry :

> *— On pensait tous que si tu revenais, ça signifiait la révolution. Que l'on allait renverser Rogue et les Carrows.*

Le personnage le plus répugnant est certainement Dolorès Ombrage. Plus encore que Voldemort, car elle pratique ses horreurs à visage découvert tout en affichant les plus nobles intentions.

Si les femmes ont toujours été moins enclines à faire usage de coercition, il n'est pas si étonnant de voir Rowling faire d'Ombrage une femme. Elle se venge ainsi de Margaret Thatcher et de sa politique ultralibérale en faveur des riches, dont elle-même a subi les conséquences.

C'est à cause de lois votées par les conservateurs que Rowling survivait avec 70 livres par semaine, avec un bébé à charge. Sans compter le peu de moyens accordés à la recherche médicale contre des maladies comme la sclérose en plaques, qui a emporté sa mère âgée de quarante-cinq ans.

Pas étonnant que la romancière charge Ombrage et ses manières doucereuses. Cette femme à visage de crapaud (pourquoi avoir fait de son Patronus un chat ? Un crapaud eût mieux fait l'affaire) accumule les erreurs. Elle ne comprend pas que ses actes ne font qu'affermir la résistance des élèves à son ordre despotique. L'interdiction des élèves de lire l'interview que donne Harry au journal satirique *le Chicaneur* pour alerter du retour de Voldemort, encourage les élèves à tout faire pour la lire !

La facilité du confort et le combat encore ! Arthur Weasley préfère conserver ses idées, et l'affection qu'il porte aux Moldus, plutôt que d'avoir de l'avancement au sein du ministère en mettant un mouchoir sur ses convictions. Pour cela, il subit des discriminations qui l'empêchent d'obtenir la moindre promotion, mais surtout il est fiché et surveillé par le ministère pour ses opinions politiques.

Dans *Les Reliques de la Mort*, Harry, Hermione et Ron sont des Résistants vivant dans les conditions matérielles propres à la résistance et proches du dénuement le plus total.

Ils sont en fuite, pourchassés par des ennemis invisibles et visibles usant de tous les moyens pour les retrouver...

Ils n'ont aucun contact avec le monde extérieur avant que Ron n'allume la radio et qu'ils ne découvrent ainsi ce qui se passe à l'extérieur.

Ils doivent changer de cachette et ne jamais rester plusieurs jours de suite dans le même abri rudimentaire. Leurs caches n'offrent aucun confort. Sans nourriture correcte, en proie à l'attente et à l'indécision, ils deviennent irascibles et paranoïaques.

Ron, en partie sous l'influence maléfique du médaillon, ne va pas pouvoir le supporter et quitte un temps ses amis, comme l'avait d'ailleurs prévu Dumbledore.

Plus tard, leur seul contact avec l'extérieur est l'usage

de la radio. Comme dans toutes les guerres et conflits, la radio devient un outil de propagande, et leur permet d'avoir des nouvelles de la résistance et de se sentir moins seuls. La radio permet en outre d'entendre la vérité sortir de la bouche de gens justes, ce qui est une manière pour Rowling de mettre en garde contre les affirmations mensongères, surtout si celles-ci sont présentées idéalement.

Capturée par les Mangemorts, Hermione va être torturée par la Mangemort Bellatrix Lestrange.

Ce passage renvoie le lecteur aux guerres et à l'usage de la torture pour obtenir des aveux. Rowling pointe du doigt l'usage de la torture dans le monde, surtout quand elle est commise par des démocraties – comme le fait actuellement le gouvernement américain dans sa lutte contre le terrorisme – ayant recours à des pratiques allant à l'encontre de toutes les nobles valeurs de justice.

Rowling, qui n'a jamais beaucoup aimé les descriptions, nous épargne néanmoins celle de la torture endurée par Hermione. Nous en sommes les témoins, comme Harry et Ron, à travers ses cris douloureux. Peut-être est-ce encore plus dur car on devine l'étendue de sa souffrance.

Les romans de *Harry Potter* nous disent que lutter,

c'est vivre, et que s'il y a mille façons d'aimer, il y a mille façons de lutter.

Devant un ordre despotique, il faut avoir le courage de désobéir, de résister et de ne pas hésiter à transgresser de mauvaises règles.

La lutte contre les événements négatifs de l'existence est inévitable. Il faut savoir faire face. Chaque étape de la vie, chaque transition ne se fait pas facilement. La peur est une chose saine. Elle est nécessaire à la survie. C'est en l'affrontant que l'on peut se construire dans la vie, comme les cauchemars utiles de l'enfance.

VIII

Sorciers et magie

LA SORCELLERIE – utiliser des forces surnaturelles pour influer sur le monde physique – se confond souvent avec la pratique de la magie, destinée elle à intervenir sur le cours des événements ou le comportement d'autrui.

L'hostilité à l'égard de la magie et de la sorcellerie est vieille comme le monde.

Tout dépend de quel côté on choisit d'aborder le monde de la magie.

Si la magie repose sur l'illusion, alors ce sont les fondements mêmes du monde et des hommes dont il est question. Qui peut donner un sens au monde, à l'univers et aux galaxies ?

La magie appelle de nombreuses autres questions sans réponse :

– Pourquoi sommes-nous sur terre ? Où va-t-on ?
– Comment la vie est-elle apparue ?

– Qu'en est-il des mystères après la mort ?
– D'où vient le monde ?
– D'où vient la conscience ?
– Est-ce que le néant représente quelque chose ?
– Combien y a-t-il de galaxies ? et d'univers ?
– Y a-t-il plusieurs mondes dans plusieurs dimensions ?
– D'où s'écoule le temps ?
– Pourquoi y a-t-il quelque chose à la place du vide ?
– Sommes-nous tous victimes du même rêve ou de la même illusion ? du même tour de magie effectué par un grand prestidigitateur ?

Sans parler de la plus importante de toutes, comment tout cela va-t-il se terminer ?

Bien sûr, les religions ont tenté d'apporter des réponses à ces questions, mais la science en est encore peu capable. Ce grand mystère n'est-il pas la plus grande représentation de la magie ?

La magie est à la fois une évocation de la force de l'imaginaire et la puissance du rêve. C'est la force de celles et ceux qui rêvent encore, qui doutent, et surtout qui se tournent vers l'illusoire et l'imaginaire.

Finalement, la magie, ce n'est pas tant faire apparaître des choses ou en faire disparaître d'autres, ce sont des choses que l'on peut sentir ou voir, comme on sent le vent ou que l'on sent de l'herbe fraîchement coupée.

L'amour est évidemment la plus grande forme de magie, comme le chantent les poètes depuis l'aube des temps. Pourquoi tombe-t-on amoureux d'une personne et non d'une autre ? Cela renvoie à l'amitié et la création. D'où viennent les idées ? Pourquoi surviennent-elles à un moment et non à un autre ?

Pourquoi une chose va-t-elle nous donner autant de plaisir ? Comment s'y prend-on pour soigner les plaies du corps et de l'âme ?

Depuis l'aube des temps, celui qui soigne et qui conserve son savoir est assimilé à un magicien.

Toutes les maladies sont guérissables. Tout est sur terre pour permettre la guérison. Toutes les plantes sont présentes, disponibles à tous les savoirs. N'est-ce pas là de la magie ?

Hermione fait la remarque qu'il existe d'« anciennes malédictions ». Et si c'était vrai ? Ce qui expliquerait que l'on ne sache toujours pas la cause de certains maux, qui se développent chez certains et non chez d'autres…

Le monde de la magie fait peur, car on redoute ceux qui finalement lui accordent trop d'importance et ceux qui y voient un moyen de célébrer le Mal. Cela nous amène à cette évidence : il n'y a pas de bonne ou de mauvaise magie.

On ne peut certes pas faire voler un balai, mais on

peut aimer. Encore que, imaginons des hommes voyant pour la première fois un avion voler il y a deux cents ans, leur stupéfaction aurait été totale.

Aujourd'hui encore, de par le monde, il y a des gens pour qui le flash d'un appareil photo est comme un sortilège. On téléphone facilement d'un bout de la planète à l'autre, mais un milliard d'êtres humains n'ont pas accès au téléphone et autant d'individus n'ont pas accès à l'eau potable. Montrez-leur un téléphone ou un robinet avec de l'eau courante et de l'eau potable, et ce sera pour eux de la pure magie… Tout comme l'était autrefois la manifestation exceptionnelle des éléments, tels les volcans ou les tremblements de terre.

La magie n'est que le progrès de demain. Des hommes comme Léonard de Vinci ou Jules Verne sont des magiciens qui imaginent ce à quoi d'autres plus tard vont donner forme.

Un accord de guitare, une chanson, Fred Astaire dansant avec Cyd Charisse dans un parc à la tombée du soir, un baiser, Internet, une conversation entre amis, une naissance, un bon livre, un feu de camp, tout est magique !

L'étymologie du mot sorcier est obscure. Il viendrait du mot sort, celui ou celle qui jette des sorts. On pense aussi qu'il a pu dériver du mot sourcier.

Le mot anglais *witchcraft* vient du mot *wicca*

(chaman en vieil anglais). Dans l'imaginaire collectif, on associe plus souvent la sorcellerie à la femme. On pense beaucoup plus à la sorcière volant à califourchon sur son manche à balai qu'au sorcier. Pourquoi ? On ne le sait pas vraiment. La magie est une manifestation de la peur de la mort et, de tout temps, on a craint celle qui donne la vie, la femme.

Si le terme de « chasse aux sorcières » désigne toute forme de répression politique, c'est qu'il prend racine dans les temps troubles de l'Histoire (l'Inquisition chargée entre le XIIIe et le XIXe siècle de réprimer l'hérésie dans certains États catholiques. J.K. Rowling y fait allusion au début du *Prisonnier d'Azkaban*) où la personne accusée d'avoir vendu son âme au diable était brûlée en place publique. On pouvait l'accuser de tout et n'importe quoi : maladies, empoisonnement des puits, des sources, du bétail et de la nourriture, mauvaises récoltes ou mauvais temps…

Pour le pouvoir, l'accusation de sorcellerie a toujours été un bon moyen de se débarrasser de ceux et celles qui dérangent l'ordre établi. Selon l'adage, pour tuer ton chien, dis qu'il a la rage !

Et à quoi assiste-t-on depuis le 11 septembre ? Au lieu de s'unir tous ensemble et de vaincre nos préjugés, on tombe sous le charme de magiciens qui rognent nos libertés et nos acquis par des tours de passe-passe, où la vérité apparaît comme un mensonge et un mensonge comme la vérité.

Les enfants sont sans conteste les plus sensibles à la magie, ce qui explique en partie le succès remporté par *Harry Potter*.

L'enfant a besoin de croire avant de savoir. Il a surtout besoin de rêver. De la même manière que l'on regarde un bon magicien. On sait très bien qu'il y a un truc mais seul le résultat et la part d'émerveillement qu'il contient nous intéressent.

Derrière le voile de l'illusion, se trouve la raison. L'une ne va pas sans l'autre, et il est important de connaître et d'apprécier les deux. Reste que l'une s'adresse au cerveau, quand la seconde touche au cœur…

IX

Le Bien et le Mal

TOUTE L'ŒUVRE de *Harry Potter* nous amène, que l'on soit enfant ou adulte, à nous poser des questions :

– pourquoi y a-t-il de la haine dans le monde ?
– pourquoi y a-t-il de la trahison ?
– pourquoi n'arrivons-nous pas à nous entendre ?
– pourquoi les bons meurent-ils ?
– pourquoi la mort frappe-t-elle ceux que l'on aime ?
– pourquoi le Mal triomphe-t-il du bien ?
– pourquoi faut-il perdre pour gagner ? et gagner pour perdre ?

Le thème récurrent des sept livres de la saga est le combat entre le Bien et le Mal. La force de l'écriture de J.K. Rowling est de ne pas faire de manichéisme trop appuyé. Il y a des nuances aussi bien dans le Bien que dans le Mal.

Les sorciers bons maintiennent les elfes en

esclavage; ce qui explicite la pensée de Sirius, disant que le monde ne se partage pas entre les Mangemorts et les autres.

Quand il apprend qu'il est sorcier à l'âge d'onze ans, Harry jubile, et découvre le monde de la magie avec joie et curiosité. Mais ses premiers sentiments vont évoluer au contact de ce monde magique où tout n'est pas merveilleux.

Le lecteur se rend vite compte, de même que Harry, que posséder une baguette magique ne fait pas obligatoirement de vous quelqu'un de bien et de bon. La baguette magique ne change rien à la nature sombre de l'être humain.

La Marque des Ténèbres que les Mangemorts faisaient apparaître à chacun de leur crime fait songer au svastika nazi.

Les principes fondamentaux du fascisme, comme le racisme, le totalitarisme et la violence, symbolisent Voldemort et ses partisans.

Les Mangemorts (*Death Eaters*) n'ont plus aucune trace d'humanité en eux. À l'époque où Voldemort triomphait, ils ne tuaient la plupart du temps que pour le plaisir, imitant en cela leur sanguinaire leader.

La vie humaine n'a aucun prix à leurs yeux, en particulier la vie d'un Sang-de-Bourbe (*Mudblood*).

Vêtus tout en noir, avec des têtes de mort en guise

de masque, ils ne craignent pas la mort et se jouent d'elle, ce qui explique leur nom macabre.

Le Mal ne vient pas forcément des Mangemorts. Il peut aussi porter le masque de la vertu. Ombrage et ses manières doucereuses en est l'exemple le plus flagrant. Mais quand elle perd ses moyens, elle sait également se montrer très violente. Capable à la fois de tirer les cheveux de Harry avec force et de le projeter contre un bureau !

Finalement, quand Rogue explique à son premier cours de Défense contre les forces du Mal de Harry, Ron et Hermione que ces dernières sont multiples, il n'a pas tort.

Pour comprendre le Mal, il faut connaître le Bien. Un enfant qui grandit entouré de vice et de haine sans recevoir aucun rayon de Bien, ne peut pas savoir ce que cela représente. Le Mal est personnifié par Voldemort et ses idées racistes ainsi que par le ministère. Les sorciers obsédés par la pureté du sang renvoient à Hitler et à ses idées de race aryenne pure.

Dans *Les Reliques de la Mort*, une Commission d'enregistrement des enfants de Moldus est placée sous la direction d'Ombrage. Elle doit recenser tous les sorciers nés de Moldus et les accuse d'avoir volé leur pouvoir magique ! Les enfants doivent présenter leur statut de sang (!) et apporter la preuve qu'ils descendent bien de sorciers ! Par une étrange coïncidence de l'Histoire, en France, le gouvernement met en place des tests ADN pour les immigrés...

Dans le passé, des notions de lignée pure et de sang-pur ont été introduites avec de tragiques conséquences par Hitler en Allemagne et mis en pratique en France dans le droit français par Vichy. On le voit, dès qu'il s'agit de sang, la vigilance face aux pires instincts des hommes doit être constante, comme dirait Maugrey.

Le Mal est personnifié dans *Harry Potter*, mais aussi le Bien, équilibrant ainsi la balance. Harry doit faire face au glissement de la démocratie vers le totalitarisme. Si Dumbeldore et lui avaient reçu du soutien de la part des autorités, cela aurait accéléré la chute de Voldemort et des Mangemorts, et aurait permis de sauver un plus grand nombre de vies humaines.

Harry, lui, est bon, naturellement bon. Il refuse toute manifestation du Mal, d'où qu'elle vienne. En définitive, lui seul accepte de souffrir, de sa connexion avec Voldemort aux punitions subies dans sa chair par Ombrage. On ne compte plus ses passages à l'infirmerie de Poudlard et ses maux sont constants (à l'estomac et la tête notamment).

Son abnégation est totale : il souffre en silence. Dans *Les Reliques de la Mort*, quand ses maux de crâne le font atrocement souffrir, dus à ses visions de Voldemort, il part se cacher dans la salle de bains, refusant d'imposer sa douleur à Ron et Hermione.

Les manifestations du Mal lui font horreur. Toujours dans *Les Reliques de la Mort*, il exhorte une sang-mêlé à fuir à l'étranger. Alberforth, le frère de Dumbledore, lui tiendra le même conseil un peu plus tard, mais Harry ne se dérobe jamais à son devoir.

Figure de l'honnête homme, Harry ne se résigne pas à la banalité du Mal[1]. Céder à chacune de ses manifestations, revient à s'en faire le complice.

Vaincre Voldemort n'est pas tout. Il convient de débusquer le Mal, où qu'il se niche et à le repousser. Ce n'est que de cette manière que l'on peut espérer faire triompher le Bien, à savoir ce qui est bon et avantageux pour les hommes et femmes. Pour tous, sans distinction de sexe ou de race.

1. Lire à ce sujet *L'Origine du totalitarisme* de Hannah Arendt.

X

Le choix fait de nous ce que nous sommes

QUAND Harry découvre tous ses points communs avec Voldemort, cette évidence l'abasourdit. Comme lui, Voldemort est orphelin. Comme lui, il a du sang moldu dans les veines, comme lui il est capable de parler Fourchelang et comme lui il éprouve beaucoup de colère, même si la colère de Harry est saine.

Alors Dumbledore le rassure. Il lui clame avec insistance que c'est sa capacité à pouvoir choisir qui le définit. Harry Potter est l'éloge du libre arbitre.

Si le Choixpeau magique a envoyé Harry à Gryffondor, ce n'est que parce que Harry a manifesté son désir ardent de s'y rendre. Il a fait usage de son pouvoir de choisir. Sans cela, il serait peut-être même allé à Serpentard où, comme le Choixpeau le lui révèle, il aurait pu y avoir sa place. Le Choixpeau a alors certainement senti le fragment d'âme corrompu, l'horcruxe de Voldemort.

Néanmoins le choix n'est pas tout. On a toujours le choix, encore faut-il avoir les conditions de bien choisir.

La mère de Harry l'avait assurément. Son bébé était l'être qu'elle aimait le plus au monde, avec son mari James Potter. Son instinct maternel, pour ne pas dire animal, la pousse à se sacrifier pour son enfant, comme l'aurait fait toute mère.

Mais Merope Gaunt l'avait-elle ? Elle abandonne son fils à un orphelinat au moment où plus rien ne la conserve en vie. Elle a perdu l'amour, son foyer et jusqu'à sa pratique de la magie. Merope est comme morte.

Sans doute a-t-elle songé que le meilleur choix à faire pour l'avenir de son bébé était encore de s'en séparer. Une fois qu'elle a accouché de Tom Jedusor senior, elle n'avait plus qu'une heure à vivre. Elle a accompli son choix : lui donner la vie.

On peut émettre l'hypothèse qu'elle a souhaité rester en vie, mais privée de soins et d'énergie, ce choix ne lui appartenait plus…

Jusqu'à la fin de l'histoire, Harry continue à exercer son choix. Il fait le choix de mourir pour voir disparaître Voldemort. C'est alors qu'il se retrouve dans les limbes de King's Cross au côté de Dumbledore. Il aurait très bien pu y rester, d'autant qu'il s'y sentait très bien, mais Harry choisit de retourner dans la Forêt interdite, accomplir sa tâche.

À la bataille de Poudlard, quand il se retrouve face à Voldemort, Harry, là encore, lui laisse la possibilité d'émettre des remords et de sauver sa vie. Ce que Tom Jedusor refuse. Le choix est en chacun de nous. Libre à nous de l'exercer ou non. Le choix ne peut se faire tout seul. On se doit de réfléchir aux conséquences de ce choix. Peser le pour et le contre, et nous laisser guider à la fois par nos émotions et notre raison.

XI

Poudlard, une école pour tous

LA GRANDE force de la saga *Harry Potter* réside dans ses nombreuses similitudes avec notre propre existence. Ainsi, l'école de Poudlard, toute magique qu'elle soit et bien que très anglaise, n'en est pas moins une école comme les autres avec professeurs et élèves, avec sanction par les notes. C'est une description minutieuse de l'univers scolaire.

Ce n'est d'ailleurs pas la seule école de magie. Il en existe partout en Grande-Bretagne, comme Eton qui serait la meilleure du pays.

Chaque pays a son école de magie, ainsi Fleur Delacour étudie-t-elle à Beauxbatons en France.

À l'instar de nos écoles, les élèves reçoivent une liste de fournitures scolaires pour suivre correctement leur année scolaire.

Comment ne pas se souvenir de notre enseignement, avec les professeurs et leurs cours, ceux où l'on chahute et ceux où l'on observe un silence religieux. Les professeurs passionnés par ce qu'ils enseignent savent nous le faire partager, et les professeurs dont les cours sont aussi ennuyeux qu'un mauvais programme télé.

Difficile de ne pas s'identifier à Harry quand ce dernier bavarde avec Ron et Hermione ou bien encore quand ils exultent (sauf Hermione) à la fin d'un cours ou d'un examen, et comment ne pas se souvenir des rentrées scolaires où l'on regardait les nouvelles coiffures des filles ?

Les élèves sont également sanctionnés par des examens. Il y a le BUSE (Brevet universel de sorcellerie élémentaire). Le nombre maximum que l'on peut obtenir est 12. L'orientation commence dès la deuxième année.

Autre examen, l'ASPIC (Accumulation de sorcellerie particulièrement intensive et contraignante), le plus important diplôme délivré par l'école. À Poudlard, certains professeurs encouragent le talent de chaque élève. Neville Londubat, par exemple, n'est pas très bon dans la plupart des matières, mais il excelle en botanique et deviendra par la suite professeur de cette matière.

Tout le monde est accepté à Poudlard, sans distinction de classe, de foi ou d'origine. Seul critère d'admission : avoir du sang magique dans les veines. Les enfants issus de familles riches côtoient les enfants issus de familles pauvres. Quand Jedusor fait la remarque à Dumbledore qu'il n'a pas d'argent, ce dernier lui apprend, et nous apprend par la même occasion, que Poudlard a un fonds d'assistance pour aider les enfants de familles pauvres à se procurer les fournitures scolaires.

Un sport, le Quidditch, passionne tous les élèves de l'école, sauf Hermione, qui est la seule à y voir un sport qui crée des tensions inutiles entre les maisons de l'école. Pour elle, la compétition est l'absence de progrès et elle n'est pas sensible au jeu purement jubilatoire. Violent mais néanmoins galvanisant. D'ailleurs, Harry n'est jamais aussi malheureux que quand il ne peut pas y jouer.

L'école est partagée entre quatre maisons : Gryffondor où vont les courageux, Serdaigle où vont les érudits, Poufsouffle où vont les travailleurs et Serpentard. Le cas Serpentard mérite que l'on s'y attarde. Pourquoi ne pas avoir fermé cette maison si jamais un élève gentil n'est sorti de ses rangs ?

Comment se fait-il que les professeurs ne parviennent pas à faire des élèves de cette maison de bons éléments ?

Lors de la bataille finale, aucun membre de la maison n'affronte les Mangemorts. C'est bien étrange. Après tout, si tous les Mangemorts sont passés par Serpentard, la maison a accueilli des élèves qui ne le sont pas devenus. La nuance est importante. Horace Slughorn, le professeur de potions est allé à Serpentard. S'il aime honorer la réussite et briller par la lumière des élèves brillants, il n'en demeure pas moins qu'il n'est pas d'accord avec les idées de Voldemort. D'ailleurs, son élève préférée était Lily Evans, la mère de Harry Potter, une Moldue.

Après la mort de Voldemort, Serpentard n'est plus un bastion de sang-pur et la maison s'ouvre à tous. Malgré cela, sa mauvaise réputation perdure, d'où les craintes d'Albus Potter d'y être admis.

XII

L'importance des parents

VOLDEMORT est né d'une union sans amour partagé. Avec son père à son côté, tout eût été différent, et l'histoire de la magie en aurait été bouleversée si sa mère Merope avait survécu, l'avait élevé et protégé par son amour.

C'est parce que Barty Croupton a négligé sa vie de famille, sa femme et son fils que son enfant unique s'est tourné vers le Mal et les Mangemorts. Lors de sa confession à Dumbledore, le fils de Croupton fait ce terrible aveu :

> *— Le Seigneur des Ténèbres et moi avons beaucoup de choses en commun. Nous avons été tous les deux déçus par nos pères.*

Tous les deux ont tué leur père pour pouvoir se libérer et avancer.

Aujourd'hui, Joanne Rowling vit dans une relative bonne entente avec son père, mais longtemps ce ne fut pas le cas, et sa déception à son égard a été forte, surtout quand il s'est remarié après le décès de sa mère, trahissant sa mémoire. De plus elle a toujours craint son père et de ce fait a cherché à obtenir sa bienveillance et son approbation à l'égard de ce qu'elle faisait. C'est l'une des raisons qui font que l'on trouve d'aussi fortes figures paternelles dans *Harry Potter* : Hagrid, Dumbledore, Sirius Black et Arthur Weasley.

À certaines occasions, c'est une obligation de se séparer de ses parents et de ne pas les excuser simplement parce que ce sont vos mère et père. Ainsi Sirius qui fuit sa famille raciste pour en trouver une autre, avec les Potter.

Le jour de ses onze ans, Harry reçoit deux cadeaux symboliques. Il apprend qu'il est un sorcier. Il peut enfin mettre des mots, un semblant d'explication sur son comportement et ses dons cachés. Et comme si cela ne suffisait pas, il découvre qu'il a des parents, sorciers eux aussi. Harry échappe au fardeau de sa naissance. Ce n'est pas étonnant qu'il se sente léger comme l'air !

Tout au long de son initiation à la magie et à la vie, il va toujours avoir son père en tête. Sans visage, durant toute son enfance (sa tante Pétunia lui ayant dit que ses parents sont morts dans un accident de voiture), il va par la suite mettre des valeurs sur le nom de son père

James Potter. Il va même se référer à lui avant d'agir. Il épargne la vie de Pettigrew car, selon lui, son père ne l'aurait pas tué.

Ce n'est qu'en cinquième année, lors de sa vision du souvenir de Rogue, qu'il va se rendre compte que son père n'est pas totalement fidèle à l'image idéalisée qu'il s'en faisait. Le choc sera très rude pour Harry. Son père avait des défauts.

À Poudlard, Harry Potter trouve un père de substitution en la personne de Dumbledore qui va lui servir de mentor et lui offrir la libération par la parole. Sirius, son parrain, plus encore, fait figure de père. À la fois un père et un grand frère. Aux yeux de Harry, Sirius incarne la figure paternelle qu'il attendait.

Sirius a d'ailleurs toutes les qualités requises : il connaissait son père et sa mère, et était leur plus proche ami. Il est généreux et lui offre un Nimbus 2 000 pour le Quidditch. Il a un fort sens de l'humour et surtout il est rebelle comme Harry.

Sirius veut informer Harry des activités de l'ordre du Phénix et non seulement il ne le désapprouve pas quand il met en place l'armée de Dumbledore, mais encore il l'encourage !

Sa mort frappe Harry plus que tout autre élève. Après Sirius, Harry perd Dumbledore son autre père de substitution. Sans figure paternelle à ses côtés, Harry se doit désormais de poursuivre son chemin seul.

Dans *Les Reliques de la Mort*, Harry se met en colère et se fâche contre Lupin, car ce dernier avait manifesté son intention de les aider dans leur mission en leur assurant une protection. Harry lui déclare : « Les parents ne devraient pas quitter leurs enfants. » Lupin répond en sortant sa baguette et en projetant Harry contre le mur. Mais il suivra son conseil et choisira de regagner son foyer auprès de Tonks et de son bébé Teddy. Il perdra néanmoins la vie, ainsi que sa femme, lors de la bataille finale de Poudlard.

C'est la guerre, la première comme la seconde, qui sépare les parents des enfants. Harry de ses parents, à l'instar de Neville Londubat. Teddy, l'enfant de Tonks et de Lupin se retrouve orphelin, tout comme Harry au début de la saga. La boucle est bouclée. Sauf que Teddy aura en la personne de Harry une figure paternelle encore plus forte que celle de Sirius pour Harry.

La saga des *Harry Potter* comporte toute une liste de mauvais pères. J.K. Rowling nous montre que c'est là d'où vient le Mal et que sans une figure aimante et protectrice, on peut sombrer vers le Mal. Tout est dans l'éducation, c'est la base de tout.

XIII

La critique du pouvoir

À partir du moment où Harry commence à s'interroger sur l'autorité, il se rebelle.

L'Ordre du Phénix est le livre de toutes les interrogations sur les gens qui gouvernent, les manipulations et sur le contrôle de l'information.

Les lecteurs de *Harry Potter* réalisent ainsi que l'on ne doit pas croire à tout ce que l'on raconte. À commencer par les médias.

Pour affermir son autorité, le ministère de la Magie fait placer des Détraqueurs un peu partout, ce qui au lieu d'accroître le sentiment de sécurité ne fait que renforcer les peurs.

C'est une critique implicite de Rowling quant aux mesures sécuritaires sans fondement, qui rappelle le Chili de Pinochet, par exemple. D'ailleurs, quand Rowling écrit *Le Prisonnier d'Azkaban*, Pinochet est sous le feu de l'actualité et rappelons qu'à la suite de son coup d'État, des milliers d'opposants furent arrêtés.

Les Détraqueurs ne font pas songer qu'à des gardiens de l'ordre, mais aussi à des politiques, soucieux de maintenir les gens dans la peur et le malheur pour mieux les garder sous contrôle.

Rowling montre également son aversion pour toute forme de peine de mort lors d'un fameux échange entre Harry et Lupin. Le professeur de Défense contre les forces du Mal lui décrit les effets du Baiser des Détraqueurs et Harry, tout à sa haine envers le supposé assassin de ses parents, Sirius Black, approuve. Ce à quoi Lupin lui répond que personne ne peut mériter un tel sort.

Harry retient la leçon. Il s'oppose ensuite à ce que l'on tue Peter Pettigrew, responsable de la mort des ses parents. Il laissera même une chance à Voldemort avant de le tuer.

Sirius expose à Harry, Ron et Hermione ce que fut la période sombre du règne de Voldemort, lors de la première guerre. La peur prédominait et tout le monde était en proie à la panique.

Le ministère de la Magie, en la personne de Barty Croupton, déployait tout le zèle nécessaire à la neutralisation des Mangemorts. Croupton était prêt à tout pour devenir ministre de la Magie et même prêt à toutes les atteintes à la démocratie pour y parvenir ! Il se montrait implacable et très vite, toujours selon Sirius, a commencé à adopter les mêmes méthodes que ses ennemis. User de la violence contre la violence ; en autorisant le droit pour les Aurors de faire usage des trois Sortilèges impardonnables, dont le plus terrible, l'*Adava Kedavra*, le sortilège mortel.

Pour J.K. Rowling, une société civilisée se reconnaît par la façon dont elle traite opposants, prisonniers et meurtriers. Si la société a recours à des méthodes identiques à celles des ennemis de la liberté, elle n'a plus rien de juste.

C'est une critique claire contre les partisans de la peine de mort ou de l'usage de la torture, qui n'a fait que se répandre après le 11 septembre, en violation de tous les traités et des constitutions de démocratie comme les États-Unis ou le Royaume-Uni. Elle répète cette critique dans *Le Prince de sang-mêlé*, quand Dumbledore révèle à Harry le sort de Morfin, le grand-père de Harry.

Lors de leur entretien à la fin de *La Coupe de Feu*, quand Dumbledore exhorte le ministre de la Magie à prendre des mesures sérieuses contre Voldemort ; devant son manque de réaction, il lui lance : « Vous êtes aveuglé par l'amour de votre fonction. »

Cornelius Fudge ne tient pas compte de ses remarques et, au contraire, accentue son contrôle de l'information. Il va même jusqu'à chercher à exclure

Harry de Poudlard, lors d'une audience qu'il préside. Audience qui réunit une cinquantaine de personnes dans les cachots !

Les collusions qu'entretient le ministre avec les Malefoy ont des réminiscences historiques importantes, comme l'après-Seconde Guerre mondiale, quand des partisans de Hitler ont retrouvé de bons postes, en France ou en Italie…

Autre dénonciation par Rowling : les liens entre le monde politique et le monde de l'argent, représenté par les Malefoy. Ainsi Lucius Malefoy corrompt des élus pour ne pas voir voter des lois qui lui seraient préjudiciables, ou bien alors le contraire, pour que soient votées des lois utiles à des gens comme lui.

Pour expliquer à Harry ce que furent les Mangemorts, Dumbledore lui en donne une définition très pertinente. Définition qui peut s'appliquer à tous les groupes qui, de par le monde, exercent un pouvoir autoritaire, abusif et néfaste :

> *C'était un rassemblement hétéroclite où se mêlaient des faibles en quête de protection, des ambitieux à la recherche d'une gloire à partager et des voyous gravitant autour d'un chef qui pouvait leur enseigner des formes plus raffinées de cruauté.*

Beaucoup de fascistes et de pseudo-facistes se reconnaîtront assurément.

La Gazette du sorcier est aux mains du pouvoir. Hermione le lit malgré tout pour savoir « ce que dit l'ennemi ». Le journal va se contenter de relayer les informations du ministère en étouffant la vérité et présente Harry Potter comme l'ennemi public numéro 1.

Ombrage se révèle être le pire instrument du ministère. Aussitôt arrivée à Poudlard, elle se fait nommer Grande Inquisitrice et prend des mesures coercitives contre les élèves. Dans un premier temps, elle dissout les organisations et les associations, avant de s'en prendre aux professeurs.

On pense au maccarthysme, période de chasse aux sorcières, aux États-Unis, dans les années 50 et 60, où les communistes présents dans le cinéma, l'enseignement et la fonction publique durent démissionner et révéler des noms de leurs proches.

Tous les personnages ayant un grand pouvoir sont vus sous un jour sombre par Rowling. Les ministres de la Magie respectifs (on constate que pas un seul ne trouve grâce à ses yeux) mais aussi le Premier ministre des Moldus, c'est-à-dire celui de notre monde, ne brillent guère par leur empathie.

Pour Rowling, le pouvoir est une chose néfaste, et tous ceux qui cherchent à l'obtenir ne peuvent que s'avérer mauvais. Ses deux héros, Harry et Dumbledore s'en écartent le plus possible.

Dumbledore dit en substance, comme Louise Michel, que le pouvoir est maudit et que l'approcher revient à perdre de sa bonté et à cautionner trop de mauvaises choses. Il dit à Harry dans les limbes de King's Cross, que les plus aptes à exercer le pouvoir sont ceux qui ne l'ont jamais recherché.

Sans doute J.K. Rowling pense-t-elle à des gens comme Nelson Mandela, devenu le premier président noir d'Afrique du Sud, en 1994, après avoir été emprisonné durant vingt-huit ans.

Harry, bien qu'âgé de seize ans, refuse se laisser prendre au jeu du ministre de la Magie, Scrimgeour et de se laisser manipuler par un ministère dont il n'approuve pas la politique. Il reproche notamment à Scrimgeour d'envoyer des innocents en prison.

L'un des objectifs de l'association Amnesty International est de faire pression sur le pouvoir en place pour libérer des prisonniers politiques et leur assurer un procès équitable. J.K. Rowling y a travaillé et on constate, à la lecture de *Harry Potter*, que cette expérience lui a été profitable.

XIV

L'amitié comme rempart

L'AMITIÉ de Harry, Ron et Hermione débute véritablement quand les trois enfants réussissent à terrasser ensemble le troll dans le premier roman.

Harry trouve en Hermione une sœur et Hermione un frère en Harry. Ron est également un frère pour Harry. Il le devient d'ailleurs quand Harry épouse Ginny, la sœur de Ron. Sans Ron et Hermione, Harry serait mort plus d'une fois. Ils ont passé leur temps à se sauver mutuellement la vie.

Dès le premier roman, en raison de son appartenance au Quidditch, Harry subit l'hostilité du reste de l'école.

Si Harry Potter est admiré et connu partout dans le monde des sorciers, notons néanmoins qu'au fil des ans il n'est guère secouru par les sorciers. Aucun ne se présente pour lui apporter un secours matériel, voire psychologique, à l'exception de ses proches. Au contraire, nombre de sorciers, dont certains appartiennent au ministère, ironisent sur son compte ou, pire, l'accusent d'avoir commis des fautes.

Harry ne peut vraiment compter alors que sur l'amitié de Ron et d'Hermione. Cela même s'il n'apprécie pas leurs chamailleries.

Ron et Hermione ne cessent en effet de se disputer sans raisons. Ils se brouillent quand Ron croit que Pattenrond, le chat d'Hermione a mangé son rat (Croûtard, qui n'est autre que Peter Pettigrew). Et lorsque Ron et Harry ne se parlent plus dans *La Coupe de Feu*, tous deux sont malheureux comme des chiots abandonnés.

Ron croit que Harry a mis son nom pour concourir au tournoi et s'attirer la célébrité. Il le jalouse et voudrait être à sa place. Ils se réconcilient lors de la victoire de Harry de la première épreuve du tournoi des Trois sorciers.

La plus grande dispute entre Harry et Ron a lieu durant *Les Reliques de la Mort*, quand Ron quitte Harry et Hermione. Il ne peut plus supporter la vie de Résistant. Affamé, craignant pour la vie de ses proches et de sa sœur Ginny à Poudlard, il reproche à Harry de ne pas savoir où se trouvent les horcruxes.

C'est pour cette raison que Dumbledore a légué

l'Éteignoir à Ron. Il avait compris que ce dernier aurait plus besoin d'être guidé que les deux autres.

L'amitié entre Ron et Harry va sortir renforcée de leur confrontation.

Le passage du livre marquant le retour de Ron est l'un des plus beaux et l'un des plus émouvants. Ce que nous dit J.K. Rowling à travers *Harry Potter*, c'est que l'amitié est plus forte que la magie. Il n'y a pas d'amour, il n'y a que des preuves d'amour, dit-on. Les preuves que l'on donne pour honorer l'amitié pour une personne sont autant de sortilèges.

Joanne a mit beaucoup d'elle-même dans *Harry Potter*, ses qualités comme ses défauts. Le principal étant de se renfermer, de s'isoler des autres, de fuir leur compagnie. Il n'y a rien à gagner à rester isolé. Tout le message de *Harry Potter* est là. S'ouvrir aux autres, se faire des amis, se construire des solidarités « astringentes ». Deux cœurs valent mieux qu'un, et c'est toujours mieux à deux ou à plusieurs. Attraper le fil qui nous relie en le tenant le plus fermement que possible...

XV

Du bon usage de la sorcellerie

DANS *Harry Potter*, le monde se divise en deux : d'un côté, ceux qui ont des pouvoirs magiques, qui apparaissent généralement vers l'âge de sept ans lors de fortes émotions, comme la colère ou la peur, et de l'autre tous ceux qui sont dépourvus de pouvoirs magiques, à savoir les Moldus.

La grande idée de J.K. Rowling est de ne pas avoir fait cohabiter les Moldus et les sorciers. Mais cela étant dit, on peut se demander pourquoi personne ne propose que tout le monde vive ensemble.

Ne serait-il pas judicieux pour les sorciers de ne plus mettre de barrières entre eux et les Moldus et d'être visibles à leurs yeux ? Cette harmonie pourrait servir à résoudre les problèmes des uns et des autres, en matière de santé par exemple.

L'usage de la magie a des accointances avec nombre de manifestations propres à notre monde. Il y a la magie à usage de chacun, dont on doit se servir pour améliorer nos conditions de vie, et il y a la magie noire qui sert à faire le mal.

La plupart des grands sorciers comme Dumbledore ou Rogue savent se servir de la magie noire, mais ne l'utilisent pas ! C'est comme une arme à feu. Il y a ceux qui vont s'en servir dans l'intention de tuer et d'autres qui vont s'abstenir de toucher à une arme. C'est aussi la différence entre la diplomatie et la paix, et le recours à la guerre, ou bien l'utilisation des peurs et des préjugés des gens pour gagner une élection.

Voldemort est devenu le plus redoutable mage noir en ayant recours à toutes les formes les plus terribles de la magie. Cela n'en fait nullement le plus puissant des magiciens. Le combat avec Dumbledore ne peut alors qu'être inégal. Ainsi, pour arriver à leurs fins, Voldemort et les Mangemorts ne vont-ils pas hésiter à tuer des innocents.

Les Sortilèges Impardonnables sont surtout utiles à ceux qui aiment faire le mal. Au moment où Harry essaie d'en faire usage en utilisant le sortilège *Doloris* contre Bellatrix Lestrange, celle-ci lui répond « qu'il faut vraiment vouloir la souffrance de l'autre » et autre condition importante et révélatrice « y prendre du plaisir »... En somme, un cœur pur tel Harry ne peut rien contre un cœur rongé par la haine d'une Bellatrix Lestrange.

La première fois (et sans doute la dernière) que Harry Potter lance le sortilège *Doloris*, c'est contre le Mangemort qui avait craché sur le professeur MacGonagall. Il ne l'a pas supporté.

De même, dans *Les Reliques*, Ombrage parvient à lancer un Patronus, alors qu'elle a sur elle le médaillon car elle est très mauvaise. Dans son élément, prenant plaisir à la souffrance des autres, elle n'a aucun mal à faire apparaître son chat translucide et argenté.

Les Mangemorts peuvent faire usage de tous les abus et crimes car ils savent qu'ils ne seront pas punis. Dans *Les Reliques*, tout le ministère est infiltré et il ne devient plus qu'un instrument de plus dans leur conquête du pouvoir pour Voldemort.

À l'étonnement de Ron, Hermione et Harry devant l'absence de réaction des gens, Lupin leur répond que « le coup d'État a été calme et virtuellement silencieux »... Sans compter que *La Gazette du sorcier* ne peut pas l'annoncer, car le journal est aux mains de Voldemort. Ce n'est dès lors plus un coup d'État, mais un changement de régime. Tenus dans l'ignorance, manipulés par les médias et vivant dans la peur, les gens restent cloîtrés chez eux.

Le succès de *Harry Potter* ne plaît pas à tout le

monde. Le cardinal Joseph Ratzinger, aujourd'hui le pape Benoît XVI, a écrit que *Harry Potter* : « déforme profondément le caractère chrétien de l'âme, avant qu'elle ne puisse s'épanouir correctement »…

Chaque année, les romans de *Harry Potter* figurent sur la liste des livres les plus interdits aux États-Unis. J.K. Rowling ayant l'infime privilège d'être au côté de Harper Lee et de son superbe *To kill Mockingbird*, Mark Twain, Salinger, William Golding ou, *last but not least*, John Steinbeck !

J.K. Rowling commente ainsi sa place dans cette funeste liste sur son site officiel :

> *J'ai toujours considéré ma présence sur cette liste comme un grand honneur.*

Elle ajoute la citation de Ralph Waldo Emerson :

> *Chaque livre brûlé éclaire le monde.*

Cela m'étonnerait que ces censeurs aient pris la peine de lire la saga de *Harry Potter*. Ils se seraient rendu compte que des livres pouvant faire autant de bien ne pouvaient s'avérer mauvais. À moins que ce ne soit justement cela qui les dérangent ?

À moins que ce soit tout simplement le message de fraternité et de compassion qui les aient rebutés.

Avec les *Harry Potter* Jo n'a pas écrit n'importe quoi sous prétexte qu'elle parlait de magie. Avant de commencer l'écriture des différents volumes, elle a fixé des règles et des limites à son monde magique. Même dans un cadre magique, il faut que tout reste « réaliste ».

Comment faire naître l'émotion si un mort aimé revient en fantôme ? L'une des règles est que personne ne peut revenir de la mort. Quand on est mort, on l'est pour toujours. Sauf si on n'a pas voulu l'accepter.

Les sorciers à l'intérieur des portraits ne sont qu'une distillation de ce qu'ils étaient de leur vivant. Ils ne font que ressasser les litanies qu'ils récitaient quand ils étaient encore en vie. La mère de Sirius, par exemple, clamant contre la racaille et les sorciers au sang « impur ».

Comment faire comprendre la misère de Lupin et des Weasley si on peut fabriquer de l'argent par l'usage de la magie ? Or on ne le peut pas. Les sorciers ont besoin d'argent comme les Moldus.

Comment créer une intrigue si tous les magiciens peuvent faire exactement et entièrement ce qu'ils veulent ?

Il existe des règles très précises. On ne peut pas faire usage de la magie avant sa majorité (dix-sept ans). On ne peut pas utiliser la magie chez les Moldus si l'on n'est pas majeur. On ne peut pas avoir recours à la magie noire et à des sortilèges maléfiques, sans être repéré par le ministère.

Un exemple très révélateur : Voldemort pouvant voler. Dans *Les Reliques de la Mort*, le mage noir vole sans aucun moyen de transport. Évidemment, cela aurait été très pratique pour les sorciers de voler sans avoir recours à des balais, des motos, des sombrals ou des hippogriffes, mais le réalisme en aurait pris un coup. Or Voldemort peut voler ! C'est très impressionnant et nul ne doute que cela aura un certain effet au cinéma ! Reste que Joanne évacue le problème et ne nous explique pas comment Jedusor fait pour caresser les oiseaux.

On sait qu'il est un sorcier immense, qu'il a côtoyé des domaines de la magie si vastes que rares sont les sorciers qui s'en sont approchés, mais néanmoins, cela fait bizarre. Dumbledore est un immense sorcier et il ne peut pas voler ! Et si un sorcier avait pu le faire avant Voldemort, nul doute que ce fait serait mentionné dans *L'Histoire de la magie*, chère à Hermione.

Joanne Rowling ne dit pas d'où provient la magie. Elle peut survenir chez n'importe qui dans le monde. Un enfant de Moldus comme un enfant de sorciers.

Un sort détecte la naissance d'un enfant sorcier et à l'âge d'onze ans, on lui apprend qu'il doit se rendre dans une école de magie. Un messager se déplace quand il s'agit d'une famille de Moldus, comme l'a fait Dumbledore pour Tom Jedusor ou Hagrid pour Harry

Potter. Avant cela, l'enfant est le plus souvent gardé dans sa famille qui lui dispense son éducation. Ainsi, les Weasley, de Bill à Ron, ont tous reçu une éducation de leur mère, Molly.

Il en va autrement pour les enfants élevés dans des familles de Moldus, comme Hermione ou Harry. Eux se sont rendus dans une école normale, ce qui ne va pas sans poser de problèmes. Les accidents ne sont alors pas rares.

À l'inverse, il y a les Cracmols, ceux qui sont nés dans une famille de sorciers et sont cependant dépourvus de don pour la magie. Pour eux, la vie est la moins facile. Dans la honte, rejetés et méprisés, ils développent un fort ressentiment (comme Rusard à Poudlard).

Certaines créatures ont des pouvoirs que les sorciers n'ont pas. Les elfes peuvent ainsi transplaner où bon leur semblent, alors que c'est impossible pour les autres sorciers qui ne peuvent le faire à l'intérieur de Poudlard, comme ne cesse de le répéter Hermione…

Pour faire usage de la magie, il faut posséder une baguette. Celle-ci choisit son sorcier. Il peut avoir recours à une autre baguette, mais pour faire de la magie efficace, il a besoin de sa propre baguette.

On le voit, un monde magique obéit à des règles.

Chaque règle magique à son fondement, ses causes et ses conséquences.

XVI

L'amour est la plus grande magie

L'AMOUR est ancré au plus profond de Harry, dans sa chair et dans son sang. La protection magique que lui a donnée sa mère en mourant pour le sauver, coule dans ses veines. C'est une forme de magie ancienne, mais aussi la plus performante.

L'amour que porte Merope, la mère de Voldemort à Tom Jeduor Senior est un amour mensonger, voué dès le départ à l'échec. Ce n'est qu'en ayant recours à la magie que Merope peut s'unir à Jedusor et leur enfant est le fruit d'une union sans amour.

Voldemort méprise l'amour et tout ce qui peut le lier à un autre amour. On ne sait d'ailleurs pas s'il a jamais aimé une femme. Cela même si des doutes subsistent quant à sa relation avec Bellatrix Lestrange, qui ne manque jamais de rappeler à quel point elle est proche de Voldemort...

Chacun voit le monde à travers son regard.

Voldemort, lui, refuse de voir le monde à travers ces manifestations d'amour.

Venant réclamer un poste de professeur à Dumbledore, il lui dévoile sa répulsion pour l'amour en ces termes :

> — *Rien de ce que j'ai vu dans le monde n'est jamais venu étayer votre affirmation selon laquelle l'amour est plus puissant que ma forme de magie.*

La grande force narrative et tout le talent d'écriture de J.K. Rowling, c'est que le lecteur ne peut pas, en toute bonne foi, affirmer que Voldemort se trompe. On reconnaît une grande œuvre et la pertinence d'un artiste, quel que soit l'art qu'il pratique, quand il nous montre le point de vue du « méchant », ses motivations, même si ces dernières sont abjectes.

En effet, notre monde est un monde de haine et de folie. Un monde de guerres, de souffrances, de pauvreté, d'injustice et d'âmes perdues. Un monde qui, alors que l'on pourrait tous ensemble y vivre dans le bonheur, n'a jamais été si près du chaos.

Dumbledore lui rétorque laconiquement :

> — *Tu n'es peut-être pas allé voir dans les bons endroits.*

Et, là encore, c'est Dumbledore qui a raison. Le bonheur est partout dans le monde, il suffit de le voir.

L'amour et la mort sont deux thèmes jumeaux, et

ceux qui ne le réalisent pas ne peuvent comprendre ni l'un ni l'autre.

Il y a une grande force d'amour qui guide le monde, qui doit aboutir obligatoirement à une logique d'ensemble.

Si nous devons nous poser des questions, on ne doit pas – on ne peut pas – chercher à avoir toutes les réponses. Face aux mystères de la mort et du monde, il convient de garder son âme d'enfant et de ne pas chercher à tout savoir, au point d'inventer les thèses les plus « abracadentesques ».

Accepter de vivre avec ses peurs. Accepter de vivre avec ses doutes et ses fantômes. Rester à la fois curieux mais humble pourrait bien être la grande leçon de sagesse des *Harry Potter*. C'est en restant loyal envers son amour pour Lily que Rogue trouve la force d'accomplir sa mission.

Severus Rogue et James Potter se détestaient car ils savaient aimer tous les deux la même femme.

Dumbledore s'est immergé dans le bien et le rachat de ses fautes, après son amour mort-né envers Grindewald, la tragédie de sa jeunesse. Sa répulsion a été d'autant plus forte qu'il a aimé profondément le sorcier. Dumbledore a toujours cru en l'amour, malgré le fait qu'il ait été dupé par l'amour.

Harry Potter présente des amours fidèles. Les protagonistes aiment une fois et pour toujours. Leur amour est si fort qu'il ne peut en exister d'autres (Rogue, Dumbledore).

Sirius n'a pas eu le temps d'aimer. En s'unissant, Lupin et Tonks défient la morale et les préjugés. Fleur épouse Bill, bien qu'il ait été mordu par le loup-garou Greyback. Son amour n'en est que plus fort.

Les derniers mots d'amour vont vers nos héros. On a spéculé longtemps pour savoir qui sortirait avec qui. Hermione avec Harry ? Ron avec qui alors ? À la fin de la saga, Ginny et Harry finissent ensemble pour la vie. Normal, ce sont des âmes sœurs. Ron et Hermione se disputent sans arrêt mais n'ont jamais pu se passer l'un de l'autre. Ils se complètent, l'un apportant son ironie mordante et sa lucidité, et l'autre son intelligence et son courage.

XVII

Tom Jedusor Junior est Voldemort

Un tabou est ancré dans le monde de la magie. Les sorciers ne nomment pas Voldemort directement. Comme Yahvé, le Dieu de l'Ancien Testament, que l'on n'a pas le droit de nommer.

À part Harry, seul Dumbledore ose prononcer le nom de Voldemort, ainsi que Lupin, Sirius et plus tard Hermione et Ginny. Les autres sont pris d'une panique incontrôlable dès qu'ils entendent son nom. Rogue ne cesse de répéter à Harry de ne pas prononcer le nom du « Seigneur des Ténèbres ».

En s'adressant aux Mangemorts, Harry nomme Voldemort ironiquement « votre patron ». Les autres sorciers le nomment Vous-Savez-Qui ou Celui-Dont-On-Ne-Doit-Pas-Prononcer-Le-Nom, tant leur crainte du mage noir est grande.

Sachant cela, dans *Les Reliques de la Mort*, les Mangemorts utilisent un sortilège magique, qui permet d'identifier ceux qui prononcent le nom de Voldemort et ainsi de mettre la main sur Harry Potter et ses amis.

Avec Voldemort, J.K. Rowling n'a pas créé un méchant caricatural qui débite son discours. On peut comprendre le cheminement de pensée de Jedusor. On peut entrer dans son cerveau et réaliser pourquoi il a décidé d'être Voldemort, quand il était jeune !

À la fin de *La Coupe de Feu*, quand Harry révèle à Dumbledore les paroles de Voldemort affirmant que son sang le rendrait plus fort et qu'il bénéficierait de la protection de sa mère, J.K. Rowling écrit cette phrase qui va alimenter les spéculations sur la suite des passionnés de *Harry Potter* :

> *Un bref instant, Harry crut déceler dans le regard d'Albus Dumbledore quelque chose qui ressemblait à une lueur de triomphe.*

Dumbledore comprit alors que Voldemort venait de prendre un peu de la protection magique, qui coule dans les veines de Harry, grâce au sacrifice de Harry.

Pour pérenniser son pouvoir, Voldemort promet tout à tout le monde. Il est même capable pour s'assurer du soutien des géants de leur promettre droits et libertés sous son règne.

Lors de la première guerre entre les sorciers, Voldemort ne recule devant aucune atrocité, pour lui, la fin justifie les moyens. Il ne tue pas pour se défendre ou pour protéger ses fidèles, mais simplement pour le plaisir de donner la mort, pour le plaisir de faire mal, et pour assoir sa terreur et sa domination.

Dans *Les Reliques*, c'est un dictateur invisible qui contrôle à la fois le pouvoir politique et médiatique.

Harry utilise le même procédé que Dumbledore, quand ce dernier l'a combattu au département des Mystères du ministère de la Magie, il ne s'adresse à lui qu'en le nommant par son prénom, Tom Jedusor. Une manière de rappeler à Voldemort que ses prétentions pompeuses n'ont pas de prise sur lui et surtout qu'il sait d'où il vient, qui il a été et comment il en est arrivé là.

Au moment de leur combat, Harry Potter détient toutes les clés. L'essentiel lui a été appris par Dumbledore, notamment lors de leurs entretiens où ce dernier a partagé ses souvenirs et ceux des autres, afin que Harry se fasse le portrait le plus réaliste de Voldemort.

Dumbledore, à travers la Pensine, va dévoiler le passé et l'identité des parents de Voldemort. On s'aperçoit que le Mal a une origine et que personne ne naît mauvais. Voldemort a des parents, comme Adolf Hitler avait les siens : Klara Poelzi et Aloïs Hitler. J.K. Rowling met en évidence les signes laissant présager le monstre que va devenir Voldemort.

Sa mère, Merope est une pauvre fille, soumise et résignée sur son sort, sans véritable talent pour la magie. À dix-huit ans, la jeune fille s'éprend d'un beau et riche Moldu, le fils du châtelain local, qui vit non loin de chez elle, Tom Jedusor.

Pour se faire aimer de lui, elle recourt à un philtre d'amour. Mais Merope était assez pure et véritablement amoureuse pour ne pas souffrir cette duperie. Elle cessa d'avoir recours au philtre d'amour et Jedusor Senior la quitta alors qu'elle était enceinte.

En l'abandonnant, il abandonnait aussi son enfant. Malgré qu'il soit victime de ce que l'on peut nommer un traquenard, Jedusor Senior n'en a pas moins abandonné son enfant. Un bébé innocent encore dans le ventre de sa mère.

De tous les péchés du monde, abandonner son enfant doit bien être le pire crime de l'existence avec celui de tuer. S'il est important de savoir si Voldemort avait des dispositions au mal, en raison de son héritage paternel, il est néanmoins un enfant abandonné. Ce qui n'excuse pas ses actes futurs, mais à tout le moins permet de les comprendre.

Ce n'est pas tant l'abandon de son père qui choque Voldemort et le fait glisser vers le Mal, que de réaliser qu'il est le fils d'un Moldu, quand il découvre qu'il est l'héritier de par sa mère de Serpentard. Tom Jedusor voulait effacer jusqu'à la trace physique de ses origines.

Sa mère, Merope, a eu la pire grossesse que puisse craindre une femme. Abandonnée du géniteur de son enfant, elle se retrouvait seule dans une grande ville, Londres, et dans la plus grande misère.

Sans nourriture, sans confort, sans l'aide d'aucune main secourable, elle était en train de dépérir à petit feu. C'est un miracle que Tom Jedusor Junior ait pu vivre. Il aurait tout aussi bien pu naître mort-né. Au regard des crimes et des horreurs qu'il commettra, on serait tenté de le souhaiter, mais ce serait une erreur ! Rowling essaie au contraire de montrer, tout au long de la saga, que ce n'est pas la naissance qui compte ni d'où l'on vient, mais ce que l'on devient.

Dumbledore ne cesse de le répéter. Il dit à Harry qu'il a gardé un œil sur Jedusor, sachant qu'il était seul, mais l'a-t-il suffisamment fait ? Voldemort n'était qu'un enfant quand il a rejoint Poudlard. Il pouvait encore changer.

Pourquoi Dumbledore ne lui a-t-il pas trouvé une famille d'accueil aimante et déterminée à le laver de son mal ?

L'une des raisons qui ont amené Jedusor vers le Mal, c'est quand il s'est aperçu qu'il était supérieur aux autres orphelins. Peut-être l'histoire de la magie aurait-elle à jamais changé ? Et peut-être pas, mais au moins, aurait-il essayé…

Avant d'être admis à Poudlard, Jedusor a passé son enfance dans un orphelinat. Tous les témoignages s'accordent à dire que ce n'est pas « l'endroit le plus joyeux pour passer sa jeunesse », comme l'écrit Rowling.

Jedusor, enfermé dans un orphelinat, rempli de haine et d'humiliation, n'est pas le premier ni le dernier à développer un goût pour la cruauté et avoir des dispositions à faire naître la peur autour de lui, en développant cette attirance pour le pouvoir.

Ce sont là des symptômes indissociables d'un orphelinat, et c'est d'autant plus vrai quand l'orphelinat en question dispose de peu de moyens.

Avec un père moldu, Tom Jedusor n'aurait jamais dû emprunter ce chemin sombre. Mais dès qu'il a su d'où il venait, sa folie s'est accentuée. Il a commencé à envisager toutes les choses d'un point de vue racial.

Éternel aveuglement de l'esprit insulaire qui veut ériger ses propres critères en principes universels. Il prend ce qu'il perçoit comme sa propre infériorité et la rejette sur d'autres, en tentant d'exterminer en eux ce qu'il déteste en lui. C'est pourquoi il est devenu cette sorte de psychopathe dépourvu de sensibilité à la souffrance d'autrui.

À la toute fin de la saga, Harry laisse une chance de vivre à Voldemort ; il aurait pu redevenir Tom Jedusor. Malgré tous les crimes qu'il a commis ? En tout cas, Harry ne voulait pas le tuer, sans lui laisser une chance de s'amender. Mais Voldemort est l'antithèse de Harry. Le Mal et le Bien.

Ces deux cousins éloignés (*via* les Peverell) ne pouvaient pas s'entendre. Aussi différents que la nuit l'est du jour et l'eau du feu.

Bien que « séparés dans leur essence », partageant tant de liens, il n'en restait pas moins différents sur un point essentiel : Harry était protégé par sa capacité à aimer, alors que Voldemort n'a jamais pu concevoir l'idée même d'amour. Voldemort disparaît pour toujours à la fin des *Reliques de la Mort*. Il ne survit plus que sous une forme rabougrie dans les limbes de King's Cross…

XVIII

Harry Potter, le rebelle

HARRY est l'enfant révolté le plus célèbre de la littérature depuis Gavroche qui, dans *Les Misérables* de Victor Hugo, mourra sur les barricades pour la liberté.

Harry, bien que beau et intelligent, n'est jamais présenté par Rowling comme le plus charmant ni le plus brillant. Il a ses faiblesses, la principale étant d'être constamment en colère. Il ne parvient pas à la freiner. Cette colère, chevillée au corps depuis son enfance, n'a fait qu'aller *crescendo*.

Si nous savons que Harry ne succombera jamais au Mal et que ce sera celui qui supprimera Voldemort, on se dit que sa colère aurait pu en faire un être différent. Cette colère saine, Harry va la mettre au service de son combat. C'est d'abord un enfant qui doit vivre sa vie d'enfant puis d'adolescent avec des fardeaux d'adulte. Un peu névrosé, à force de réfléchir, Harry Potter se retrouve souvent dans une impasse.

Malgré tout, il reste parfaitement équilibré ! Beaucoup d'autres auraient craqué et auraient fini en soins intensifs à l'hôpital Sainte-Mangouste !

Si une cicatrice en forme d'éclair se trouve sur son front, Harry a d'autres petites estafilades psychologiques et affectives. Non seulement c'est un enfant sans amour, qui n'a jamais entendu prononcer un « je t'aime » dans son enfance. Brimé, maltraité et résilient, il ressent dans sa chair les dégâts liés au manque affectif de l'orphelin.

Les Dursley lui font subir des sévices moyenâgeux. Ils l'enferment dans un placard quand ils veulent le punir, lui interdisent de jouer et ne le nourrissent juste ce qu'il faut pour qu'il reste en vie. Cela aurait pu faire de Harry un voyou, un délinquant et non un garçon sensible et bienveillant.

L'héritage qu'il a reçu de ses parents ne se retrouve pas uniquement dans ses traits physiques, mais aussi dans ses traits de caractère. Jusqu'à ce qu'il terrasse Voldemort et trouve la sérénité dans les bras de Ginny, Harry va vivre avec des peurs permanentes.

Harry a un mépris pour les règles et l'obéissance. À la fin de *La Coupe de Feu*, Voldemort lui dit :

— L'obéissance est une vertu que je vais devoir t'apprendre avant de te tuer.

C'est ce refus des règles qui lui permettra d'avancer

et finalement de vaincre le Mal. Avec Harry Potter, J.K. Rowling nous dit qu'un règlement n'est pas un dogme, et que la désobéissance à ce qui n'est pas correct et légitime est plus que souhaitable.

Tout le monde peut s'identifier à Harry, sauf une personne riche et gâtée par l'existence. Harry doit faire face à des difficultés continuelles et des problèmes angoissants, et il choisit toujours de les affronter, nous exhortant à en faire de même. L'exemplarité de Harry Potter nous aide à vaincre nos propres peurs et à ne pas baisser les bras devant les dangers de la société et les problèmes de la vie quotidienne.

Son courage, symbolique de la maison Gryffondor, est exemplaire. Jamais il ne cherche à se dérober, il va toujours de l'avant, sans crainte du danger.

L'une des scènes les plus poignantes de la saga à cet égard est celle où Harry rapporte avec lui le corps de Cedric Diggory, pour le rendre à ses parents mais aussi pour lui témoigner sa peine et son respect.

Harry n'est jamais vraiment en sécurité. Même dans des endroits où il bénéficie d'une protection magique, 4 Privet Drive ou Poudlard, il est en butte à des tourments. Tout ce qui ne tue pas Harry Potter le rend plus fort. Sans ces épreuves, il n'aurait jamais pu aller vers Voldemort et la mort dans la Forêt interdite.

Il utilise une cape d'invisibilité, trace de souvenirs

de Rowling qui, enfant, subissant l'humiliation face à une institutrice à l'école primaire, rêvait de lui échapper en devenant invisible[1].

Pour les elfes, Harry est « une flamme d'espérance » et le leitmotiv de Dumbledore à l'ordre du Phénix était : « Harry est notre dernier espoir. »

Harry sait toujours faire preuve d'altruisme. Il partage à chaque fois ce qu'il a avec Ron, fait don de son argent gagné lors du tournoi de *La Coupe de Feu* aux jumeaux Weasley et souhaite toujours pouvoir soulager le manque d'argent de sa seconde famille, les Weasley. Dumbledore lui en fait d'ailleurs la remarque dans les limbes de King's Cross l'assurant qu'il est la personne la plus « désintéressée » qu'il ait jamais rencontrée. C'est un cœur pur qui méprise tout ce qui peut faire de lui un être supérieur.

Jamais il ne cherche à se mettre en avant, mais face à sa conscience et à ses responsabilités il ne cherche jamais à se dérober.

Lorsque Ombrage lui demande de lever la main pour poser une question en classe, Harry brandit son poing en l'air, à la manière des révolutionnaires (Ron, lui, le brandit quand Harry embrasse Cho pour la première fois).

---

1. Voir chapitre I, le portrait de Joanne Rowling.

Et c'est quand l'armée de Dumbledore se met en place et que Harry en prend la tête, qu'il sort pour la première fois de sa colère et de sa mauvaise humeur. Autrement dit, lutter rend heureux.

En classe, même quand il sait qu'il doit à tout prix garder le silence et se contenir, il n'y a rien à faire, Harry ne peut s'y résoudre. Le silence est la pire des choses à ses yeux. Se taire, c'est accepter, se taire, c'est cautionner !

Il répond ainsi à Dolores Ombrage, comme il répond à Rogue. Son « il n'est pas nécessaire de m'appeler "monsieur", professeur » prononcé en sixième année, au cours de Rogue, est anthologique tant il frappe par sa soudaineté, son ironie mordante et sa violence contenue.

Harry le survivant réalise que la mort lui a pris tous ceux qu'il aime : ses parents, Sirius et Dumbledore. Et bien qu'animé d'une farouche volonté de vivre, il ne craint pas la mort, prêt à faire le sacrifice de sa vie pour que naisse un monde nouveau.

Comme lui avait dit Dumbledore, c'est Voldemort qui a créé Harry Potter. C'est lui, son pouvoir despotique et l'assassinat de ses parents qui font de lui ce qu'il est. Sa révolte est issue de Voldemort, comme Spartacus était issu de Crassus.

Harry ne peut jamais garder le silence devant une

injustice. Les exemples foisonnent dans la saga, mais le plus fort est quand, au péril de sa vie et de la mission que lui a confiée Dumbledore, il sauve des sang-mêlé du ministère et les encourage à prendre la fuite vers l'étranger…

Avec Rogue, Dumbledore, Hermione et Lupin, Harry Potter est mon personnage préféré. J'admire sa ténacité, son sens de la justice et le fait qu'il soit totalement désintéressé devant l'argent ou la gloire.

Tout au long des différents volumes, J.K. Rowling a affranchi Harry Potter de son image de petit sorcier sympathique pour en faire un mutin courageux. Il y a un gouffre entre le Harry du premier tome, découvrant le monde magique comme un enfant à Disneyland, et le garçon responsable et déterminé des *Reliques de la Mort*.

La maturité lui est venue avec les deuils successifs, les responsabilités et la connaissance de son destin.

Après avoir vécu tant de choses horribles, il naît une troisième fois en reconstruisant sa vie, comme une personne qui a vécu la guerre ou qui a affronté et surmonté une terrible maladie.

Ce qui ne nous tue pas nous rend plus forts a écrit Nietzsche et c'est si vrai pour Harry Potter. Il garde sa cicatrice au front et d'autres plus profondes enfouies en lui, mais il a appris de ses erreurs et prêt à vivre à nouveau.

J.K. Rowling aurait pu tuer son héros, mais, en définitive, ce qu'elle a imaginé comme fin est beaucoup plus juste : quelqu'un ayant autant souffert et ayant autant donné revient parmi les siens, pour faire du monde magique et du monde des Moldus des mondes amis cohabitant pacifiquement et s'enrichissant mutuellement.

XIX

La mort n'est qu'un autre chemin de la vie

JEDUSOR alias Voldemort n'a qu'un unique objectif: vaincre la mort.

— *Il n'y a rien de pire que la mort,* clame-t-il à Dumbledore lors de leur combat au ministère de la Magie. Bien sûr, Dumbledore lui répond par la négative.

— *En vérité, ton incapacité à comprendre qu'il existe des choses bien pire que la mort a toujours constitué ta plus grande faiblesse.*

La mort est le thème central des *Harry Potter*. J.K. Rowling a écrit le premier volume avec la mort de sa mère en tête, et elle plane tout au long des romans. La Mort est même personnifiée dans le dernier tome.

Tous les personnages sont définis par leur attitude face à la mort, face à la possibilité de mourir. Dès le début de la saga, Harry prend conscience de la mort. Enfant, il a déjà une préoccupation d'adulte.

C'est tout le talent de l'écrivain que de nous avoir

fait douter jusqu'au bout sur les personnages qui perdraient la vie.

On s'est dit que ce pourrait être n'importe qui dans la Résistance aux Mangemorts, à commencer par Harry Potter lui-même.

Joanne a choisi de ne pas tuer son héros. Pouvait-elle tuer celui qui l'a sauvée ainsi que son enfant de la misère et lui a apporté la fortune ? Pouvait-elle se résigner à recevoir des milliers de lettres de haine ?

Harry est un héros et ne peut pas mourir, mais c'est un rebelle, les rebelles restent rarement en vie. Ils sont en première ligne et reçoivent les premières balles. Harry est vivant et c'est tant mieux ! Après tout, même si cela ne doit pas être couché sur papier, on se dit qu'il lui reste encore beaucoup à faire.

Ron pouvait également mourir. C'est le meilleur ami du héros et, selon une règle communément admise, l'ami du héros meurt souvent dans les livres et les films.

Chaque lecteur ressent la mort d'un personnage à sa façon. Ce n'est pas tant la mort de Cedric Diggory qui m'a rendu triste, mais la façon dont il est mort. Le personnage ne me plaisait pas vraiment.

La mort de Sirius m'a peiné, mais elle était acceptable ; le héros Harry Potter ne pouvant avancer que seul.

La mort de Dumbledore est tragique, mais on se

raisonne en pensant qu'il était très âgé. Tout comme l'était Maugrey, un guerrier qui avait survécu à tant de combats. Les morts que je n'ai pas acceptées (même au moment où j'écris ces lignes) sont les morts de Lupin et Tonks, alors que les Malefoy s'en sortent sains et saufs. Et surtout celle de Fred Weasley. Cette mort m'a affligé. On ne tue pas un jumeau, on ne peut pas les séparer si tôt !

Mais finalement J.K. Rowling est très cohérente. Ce que la vie nous apprend, c'est qu'il n'y a pas de logique dans le fait de vivre et de mourir…

Harry ne craint pas la mort. De prime abord, il vit avec depuis sa naissance. Un orphelin a ceci de particulier qu'il est familiarisé avec la mort avant les autres. Il comprend le sens de la fin de la vie quand tous les autres en sont à la découvrir.

Harry Potter, alors à l'aube de son existence, à dix-sept ans, accepte de se sacrifier. Il accepte de mourir pour les autres. Ce dont Voldemort était incapable.

Néanmoins Voldemort choisit de mourir, alors que Harry lui avait laissé le choix. Pourtant, la mort était sa plus grande peur. Son arrogance l'aveuglera jusqu'à la fin. Malgré les explications que lui donne Harry sur leurs baguettes magiques, il pense encore qu'il sera triomphant.

Il y a un fossé entre la peur de la mort et ne pas se

résoudre à mourir ! J.K. Rowling confie d'ailleurs que sa plus grande peur est de voir mourir un de ses proches. Harry Potter échappe plusieurs fois à la mort et la voit décimer ses proches. La grande leçon de sagesse des *Harry Potter* est d'accepter que nous devons tous mourir un jour. Et faire en sorte que notre passage sur terre soit un témoignage pour rendre le monde meilleur.

Faire face à la perte, avec les estafilades à son âme, est l'un des leitmotivs de *Harry Potter*.

Certaines personnes ne reviennent pas sous la forme de fantômes parce qu'elles n'ont pas peur de la mort. C'est pourquoi à Poudlard, il y a quelques fantômes qui n'ont pas accepté leur trépas, se privant ainsi d'obtenir la réponse sur le grand mystère de la mort. Harry Potter devient le véritable maître de la mort car lui l'a acceptée. À l'inverse de Dumbledore, Voldemort et bien sûr des frères Peverell, dont la légende est à la source des *Reliques de la Mort*.

Dumbledore lègue à Hermione un très vieux grimoire, *The Tale of Beedle the Bard*, un conte pour enfants. Elle remarque à l'intérieur un symbole qui la frappe. C'est le même que portait le père de Luna Lovegood au mariage de Bill et Fleur.

Avec Harry et Ron, elle se rend chez lui. C'est là qu'il leur apprend la signification de ce symbole qui n'est autre que celui des *Reliques de la Mort*. Xuna

Lovegood leur narre le conte des trois frères Peverell. L'histoire de trois frères qui un jour se trouvent confrontés à une rivière dangereuse. Dans l'impossibilité de traverser, ils usent de la magie et font apparaître un pont. Vient à leur rencontre la Mort, déçue de n'avoir pu s'emparer de leurs vies.

Elle leur propose alors trois cadeaux. L'aîné des trois frères, Antioch, lui demande une baguette puissante et l'obtient.

Le second frère, Cadmus, demande à la Mort le pouvoir de ramener les défunts à la vie. Elle lui offre alors la Pierre de résurrection.

Le troisième des frères, Ignotus, lui demande une cape d'invisibilité. La Mort la lui donne, et les laisse poursuivre leur chemin et raconter leur aventure.

La vie suivra son cours. Le frère qui possédait la baguette de l'ancien ne perd aucun combat et sa renommée est importante. Un soir, alors qu'il dort, un sorcier jaloux lui tranche la gorge et s'empare de sa baguette.

Le second frère ne cesse de se lamenter sur son amour perdu. La femme qu'il désirait lui apparaît alors, mais elle appartient toujours au monde des morts. Rendu fou par un mélange de désir, de douleur et de peine, il se suicide.

Le troisième des frères a plus de chance. La Mort ne le trouvera qu'au crépuscule de sa vie.

La morale du conte est limpide. La mort vient quand elle vient. Il n'appartient à personne d'en décider.

Harry Potter, devenu maître de la Mort, en possession des trois reliques (la Pierre, la baguette et la cape d'invisibilité) décide de mettre fin au pouvoir de transmission de la baguette. Il la remet dans la tombe de Dumbledore et accepte la plus belle des choses, celle de mourir de mort naturelle et refuse l'immortalité.

XX

Les romans

Tome I

Harry Potter à l'école des sorciers
(Harry Potter and the Philosopher's Stone)

La belle histoire

La légende de Harry commence à Privet Drive, une banlieue résidentielle des plus banales. Il n'est encore qu'un bébé quand nous faisons sa connaissance.

Dès le premier chapitre du roman, nous voyons apparaître des personnages essentiels de la saga, Dumbledore bien sûr, mais aussi Hagrid et le professeur McGonagall.

Nous apprenons l'origine de Harry et sa rencontre avec le plus terrible mage noir, Voldemort, qui, alors qu'il était venu pour le tuer, a disparu quand il a essayé de le faire après avoir assassiné ses parents. Le sortilège que lui a lancé Voldemort a juste laissé une cicatrice, une petite estafilade en forme d'éclair sur le front de Harry.

Sans plus aucune famille au monde, Harry va vivre chez les Dursley, qui lui font subir diverses brimades et ne le traitent jamais comme un enfant normal. Il est vrai que Harry n'est pas tout à fait normal. C'est un sorcier, et même s'il lui est arrivé d'être surpris par ce qu'il peut faire, comme de parler à un serpent, il ne se serait jamais douté qu'il était doué de pouvoirs magiques.

Tout cela, c'est Hagrid, le géant même qui l'a recueilli dans les flammes de Godric's Hollow lors de la mort de ses parents, qui lui apprend le jour de ses onze ans.

Et comme un bonheur n'arrive jamais seul, Harry va désormais vivre et suivre sa scolarité à Poudlard, l'école pour sorciers et sorcières dirigée par Dumbledore.

Dans le Poudlard Express qui l'y mène, il rencontre ses deux futurs meilleurs amis, Ron et Hermione…

Les objets magiques

La cape d'invisibilité, longue et argentée et le miroir du Riséd.

La Pierre philosophale qui a la propriété de transformer du métal en or pur et surtout qui rend éternel celui qui réussira à la boire.

En quelques mots

Superbe entrée en matière pour Harry. À travers son regard, nous découvrons un monde magique absolument merveilleux.

Le livre sert de base introductive aux six autres romans. Tout premier livre d'un auteur est particulier, car celui-ci l'écrit sans savoir l'écho que rencontrera son manuscrit et même s'il sera lu...

Le méchant du livre n'est jamais celui auquel on pense. Derrière Rogue se cache Quirell, le professeur de Défense contre les forces du Mal, et derrière Quirrel se cache Voldemort, dont Harry saura déjouer les terribles desseins.

Le plus beau passage reste celui où Harry revoit ses parents morts dans le miroir du Riséd. Quand il demande à Dumbledore ce qu'il y a vu, le sorcier lui répond avec humour « une bonne paire de chaussettes » (en vérité, Dumbledore y a vu sa famille réconciliée et heureuse avec Kendra, Percival, Ariana et Abelforth).

À noter que le titre de l'édition française, comme celui de l'édition américaine, diffère du titre original.

Les répliques phares

— La musique est plus magique que tout ce que nous pourrons jamais faire dans cette école.

— Ça ne fait pas grand bien de s'installer dans les rêves en oubliant de vivre.

— Pour un esprit équilibré, la mort n'est qu'une grande aventure de plus. Tu sais, la Pierre n'avait rien d'extraordinaire. Elle donnait autant d'argent et permettait de vivre aussi longtemps qu'on le souhaitait ! Les deux choses l'ennuie la plupart des hommes désirent le plus au monde, l'ennui, c'est que les humains ont un don pour désirer ce qui leur fait le plus de mal. [??]

Albus Dumbledore

Tome II

Harry Potter et la Chambre des Secrets

(Harry Potter and the Chamber of Secrets)

La belle histoire

IL A de grandes oreilles et de grands yeux, et surgit devant Harry pour le prévenir de ne pas se rendre à Poudlard où il encourt de graves dangers. La créature s'appelle Dobby. Déterminé, cet elfe de maison gâche le dîner de Vernon avec un représentant en affaires. Harry est puni et se retrouve prisonnier dans sa chambre.

Mais Ron vient l'en délivrer, avec l'aide de ses frères jumeaux, George et Fred et d'une Ford Anglia. En attendant la rentrée, Harry va vivre chez les Weasley, la famille de Ron. Quand ils se rendent à la gare pour prendre le Poudlard Express, le mur ne s'ouvre pas devant eux. Ils sont ainsi contraints de partir à l'école en volant dans le ciel avec la voiture du père de Ron.

Arrivés sains et saufs à l'école, Harry va très vite

entendre une mystérieuse voix à l'intérieur de sa tête, pas très rassurante, provenant d'une Chambre mystérieuse où se cache un serpent pour le moins terrifiant...

L'objet magique

La potion du Polynectar.

En quelques mots magiques

Rowling nous surprend car elle réussit son deuxième ouvrage sur l'apprenti sorcier. Bien sûr, on sait qu'elle a planifié toute la saga dès le début, mais planifier et écrire c'est loin d'être la même chose, et l'on pouvait craindre que passé l'effet de surprise, le plaisir ne serait pas aussi présent.

Rowling tord le cou à nos appréhensions dès les premières pages, avec l'arrivée d'un personnage clé, l'elfe Dobby. Toujours aussi magique, le livre gagne en suspense et en effroi.

Reste que la romancière prend bien soin de doser sa potion. Ainsi, elle n'oublie pas l'humour, beaucoup plus présent, grâce au nouveau professeur de Défense contre les forces du Mal, Gilderoy Lockhart.

Les répliques phares

— Comme si on disait à quelqu'un que son sang est sale. Quelle folie ! De toute façon, de nos jours, la plupart des sorciers ont du sang de Moldu dans

les veines. Si nous n'avions jamais épousé de Moldus, il y a longtemps que nous aurions disparu.

Ron Weasley

— Ce sont nos choix, Harry, qui montrent ce que nous sommes vraiment, beaucoup plus que nos aptitudes.

Albus Dumbledore

Tome III

Harry Potter et le prisonnier d'Azkaban
(Harry Potter and the Prisoner of Azkaban)

La belle histoire

HARRY a treize ans et entre dans l'adolescence. Quand la sœur de Vernon, la très réactionnaire Marge, injurie ses parents, Harry la transforme en ballon et l'envoie voir là-haut s'il s'y trouve…

Très en colère, Harry quitte le domicile des Dursley et se retrouve seul, désemparé et perdu dans le monde des Moldus. Il prend alors le Magicobus (le *Knight Bus*) et rencontre le ministre de la Magie, qui le met en sûreté. C'est que tout le monde craint pour sa sécurité, car Sirius Black, un assassin de treize personnes, est en fuite de la prison d'Azkaban où il était gardé par les terribles Détraqueurs…

En quelques mots magiques

Ce livre est un bonheur. D'une richesse narrative

sans précédent, c'est le livre de toutes les découvertes. On fait la connaissance de Lupin, le loup-garou, et de Sirius Black, les meilleurs amis du père de Harry, James, ainsi que de leur félon compagnon, Peter Pettigrew.

On découvre les Détraqueurs (*Dementors*), les démons flics et la carte du Maraudeur qui permet à Harry de voir chaque personne de l'école où qu'elle se trouve… Un cadeau inestimable de la part des jumeaux Weasley.

Beaucoup plus sombre que les deux précédents, *Le Prisonnier d'Azkaban* marque le début des grandes interrogations de Rowling sur le pouvoir, l'amitié, les préjugés et le racisme, et la fin d'une certaine innocence pour Harry, si tant est qu'il l'ait jamais eue.

La réplique phare

— Un jour viendra peut-être où tu seras très content d'avoir sauvé la vie de Pettigrew.

Albus Dumbledore

Tome IV

Harry Potter et la Coupe de Feu
(Harry Potter and the Goblet of Fire)

La belle histoire

LA BELLE HISTOIRE ne débute pas à Privet Drive, mais à Little Hangleton, un petit village où l'on va découvrir les origines de Voldemort.

Harry, lui, se rend, en compagnie des Weasley au tournoi de la coupe du monde de Quidditch. Le soir du match entre l'Irlande et l'Angleterre, d'étranges phénomènes se produisent. À la stupeur de milliers de participants, la « Marque des Ténèbres » apparaît dans le ciel. C'est le signe de ralliement des Mangemorts, les fidèles de Voldemort.

À Poudlard, la rentrée est encore plus électrique que d'habitude. L'école va en effet accueillir un tournoi de magie, la Coupe de Feu. Deux écoles étrangères y participent au côté de Poudlard. C'est Cedric Diggory qui est choisi pour Poudlard, la sublime Fleur Delacour pour Beauxbatons et Viktor Krum. Mais à la surprise générale, la Coupe de Feu choisit un quatrième participant… Harry Potter !

En quelques mots magiques

Le genre de pavé que l'on aimerait recevoir plus souvent sur la tête. Passionnant, éprouvant, terrifiant et palpitant. *La Coupe de Feu* a tous les ingrédients pour nous captiver.

On découvre un personnage absolument fascinant, Alastor « Fol eye », le nouveau professeur de Défense contre les forces du Mal. Un personnage qui accorde toute son attention sur Harry et l'on se dit qu'en sa présence (et celle de Dumbledore) Harry n'a rien à craindre.

Autre notable introduction, celle de Fleur Delacour, une très belle jeune fille. Et toutes les têtes se tournent sur son passage, tant elle ne fait pas semblant d'être belle. Et ses « mais c'est insensé » prononcés à tout bout de champ sont irrésistibles… Ah les Vélanes, elles en ont envoûté plus d'un, dont moi, je l'avoue humblement !

Hermione n'est pas en reste et ne nous déçoit pas. Jusque-là en retrait, elle prend de l'épaisseur. C'est une adolescente réfléchie et éprise de justice. Elle décide de mettre toute sa volonté et son intelligence au service des elfes de maison.

Et quelle magnifique idée que cette Pensine qui permet de conserver les pensées et les souvenirs d'une personne.

Beaucoup d'émotion avec la mort de Cedric Diggory, et aussi avec la réconciliation entre Harry et Ron, après que Harry a remporté la première épreuve, avec Hermione en témoin sensible.

Les répliques phares

— Mais… on les paie ? On leur donne des vacances ? Et… des congés maladie, des retraites et tout ça ? Hermione (à propos des elfes)

— Tu as l'intention d'encourager les elfes de maison à faire grève ? Tu vas leur distribuer des tracts et les inciter à la rébellion ?

George Weasley

— Ne va pas leur mettre des idées en tête en leur disant qu'il leur faut des vêtements et des salaires ! Tu les empêcherais de travailler !

Fred Weasley

— Si tu veux savoir ce que vaut un homme, regarde donc comment il traite ses inférieurs, pas ses égaux. Sirius

— Ça ne sert à rien de rester là à s'inquiéter. Il arrivera ce qui arrivera et il faudra se préparer à l'affronter. Hagrid

— L'aptitude de Lord Voldemort à semer la discorde et la haine est considérable. Nous ne pourrons le combattre qu'en montrant une détermination tout aussi puissante, fondée sur l'amitié et la confiance. Les différences de langage et de culture ne sont rien si nous partageons les mêmes objectifs et si nous restons ouverts les uns aux autres. Albus Dumbledore

Tome V

Harry Potter et l'Ordre du Phénix
(Harry Potter and the Order of The Phoenix)

La belle histoire

APRÈS AVOIR été attaqué par deux Détraqueurs sur territoire moldu, Harry se rend au quartier général de l'ordre du Phénix au 12, square Grimmaurd, sous la protection de la garde rapprochée.

Convoqué en audience au ministère de la Magie, il est jugé pour usage illégal de la magie et acquitté grâce à l'intervention verbale de Dumbledore.

À Poudlard, les choses vont évoluer dans le sens du vent soufflé par le ministère. Le nouveau professeur de Défense contre les forces du Mal est une femme : Dolores Ombrage. Celle-ci va imposer ses idées dictatoriales à l'ensemble de l'école.

Sur une idée d'Hermione, Harry fonde l'armée de Dumbledore, afin de dispenser les sortilèges de défense contre les forces du Mal qu'Ombrage refuse de leur apprendre. Elle refuse pour la simple et bonne raison que à l'instar du ministère, elle clame que le retour de Voldemort n'est qu'une invention de Harry Potter et Dumbledore.

Seul arc-en-ciel, dans cette période sombre, Harry découvre l'amour, en la personne de Cho Chang…

En quelques mots magiques

Le meilleur tome de la série avec *Les Reliques de la Mort*. Le plus adulte aussi. Un livre post 11 septembre et cela se voit par les thèmes abordés : la répression, le fanatisme, la résistance et la liberté.

Sans l'attaque des tours jumelles, sans doute le cinquième volume aurait été un peu différent, même si Rowling avait déjà commencé à aborder ces thèmes.

Notable apparition, celle de Luna Lovegood, qui vient combler l'absence donnée aux filles, si l'on excepte, bien sûr, celle d'Hermione.

La romancière nous montre que les actes de bravoure et de résistance peuvent émaner de n'importe qui et que les héros ne sont jamais les plus beaux ni les plus forts. Luna et Neville sont d'ailleurs les seuls membres de l'armée de Dumbledore à participer à la bataille finale contre les Mangemorts au ministère.

Le ton du livre est plus dur et la violence plus crue. Les élèves et membres de l'AD souffrent horriblement et plus d'une fois le sang est versé ; ce qui avait toujours été jusque-là très rare.

Les remarques en aparté de l'elfe Kreattur sont à se tordre de rire, même si ce qu'il dit est épouvantable.

Autre passage détendu dans un roman très sombre, les reproches de Ron à sa sœur Ginny, dont la beauté attire les garçons de l'école.

Mon passage préféré reste le départ de l'école en beauté de Dumbledore, à la stupéfaction de Fudge et d'Ombrage.

Les répliques phares

— Je les haïssais tous : mes parents avec leur manie du sang-pur.

— Le monde ne se divise pas entre braves gens et Mangemorts. Sirius Black

— Nous, les sorciers, avons maltraité trop longtemps les êtres qui nous sont proches et nous récoltons aujourd'hui ce que nous avons semé.

Albus Dumbledore

Tome VI

Harry Potter et le Prince de sang-mêlé
(Harry Potter and the Half-Blood Prince)

La belle histoire

VOLDEMORT et sa horde de Mangemorts font régner la terreur dans le monde des Moldus et dans le monde magique.

Le ministre de la Magie, Fudge, est remplacé par Scrimgeour, un ancien Auror, pour pallier la désastreuse situation de sa politique.

Dans le même temps, Rogue accepte de faire le Serment inviolable avec Narcissa Malefoy, qui doit protéger son fils Drago, dans la mission que lui a confiée Voldemort.

Quelques semaines avant la rentrée, Dumbledore vient chercher Harry à Privet Drive. Ce dernier réussit à faire en sorte qu'Horace Slughorn redevienne professeur à Poudlard. Tandis qu'il se charge des potions, le poste de défense contre les forces du Mal échoit enfin à Rogue.

Au cours de potions de Slughorn, Harry découvre un livre scolaire bien mystérieux. Rempli d'annotations, le livre lui permet de briller dans la matière. Son propriétaire se nomme le Prince de sang-mêlé…

En quelques mots magiques

Avant de retrouver Harry, nous avons droit à deux chapitres d'introduction. L'un dans le monde des Moldus, avec « l'autre ministre » et l'autre avec Rogue et les sœurs Lestrange. Rowling explore l'enfance et la famille de Voldemort, son évolution vers le Mal.

Abandonné par ses parents, Tom Jedusor développe ses obsessions futures : une fascination absolue pour le pouvoir, une grandiose image de lui-même et un désir de souffrance.

En compagnie de Dumbledore, Harry commence sa quête des horcruxes (objet que l'on utilise pour dissimuler un fragment de son âme).

Les meilleurs moments se trouvent dans les pages narrant l'entretien entre Voldemort et Dumbledore dans son bureau de Poudlard.

Dans le baiser passionné de Harry et Ginny devant une cinquantaine de personnes.

Dans la mort de Dumbledore assassiné par Rogue.

Les répliques phares

— Je suis toujours prudent, madame Weasley. Vous me connaissez, j'aime bien mener une vie paisible.
Harry Potter

— Ne nous laissons pas submerger par l'angoisse, Harry, et continuons plutôt à nous battre.
Albus Dumbledore

— La grandeur inspire l'envie, l'envie engendre le dépit, le dépit répand le mensonge.
Tom Jedusor Junior à Dumbledore

— La Sang-de-Bourbe parle à Kreattur, Kreattur va faire semblant de ne pas l'entendre...
Kreattur à Hermione

— Severus... s'il vous plaît...
Albus Dumbledore

Tome VII

Harry Potter et les Reliques de la Mort

(Harry Potter and the Deathly Hallows)

La belle histoire

VOLDEMORT rencontre les principaux Mangemorts dans le manoir des Malefoy. Tous le craignent, sauf Rogue, auréolé de son meurtre du principal sorcier que Voldemort ait jamais craint : Dumbledore.

Harry est bientôt majeur, selon la loi magique, qui fixe la majorité à dix-sept ans. De ce fait, la protection magique assurée par l'amour de sa mère va bientôt disparaître. Harry doit dès lors quitter le 4, Privet Drive. Les Dursley ont accepté avec réticence de se mettre sous la protection de l'ordre du Phénix et de quitter leur maison.

En compagnie de l'escorte de ses amis de l'Ordre, dont six sont métamorphosés en Harry Potter (Ron, Hermione, Mondingus, Fleur, Fred et George) pour tromper la vigilance des Mangemorts, Harry prend la fuite. Il accompagne Hagrid sur la moto de Sirius. Ils sont immédiatement attaqués par les Mangemorts, dont Voldemort en personne, qui peut voler dans le ciel. Maugrey et Hedwige, la chouette des neiges de Harry, perdent la vie. George Weasley perd une oreille.

Le ministre de la Magie, Scrimgeour lègue à Harry les objets que leur a légués Dumbledore : son propre Éteignoir à Ron, les *Contes de Beedle le barde* à Hermione, et pour Harry le Vif d'or attrapé lors de son premier match de Quidditch, ainsi que l'épée de Godric Gryffondor, que Scrimgeour ne remet pas.

La quête des horcruxes, les parcelles de l'âme de Voldemort, va conduire Harry, Ron et Hermione vers nombres d'endroits inconnus et mystérieux. Passé-Présent-Futur. Harry va devoir se rendre dans chacun de ces espaces-temps pour trouver la vérité, lui permettant d'accomplir sa mission. Guerre-Mort-Fin. La boucle est bouclée. Toute histoire a un commencement. Toute histoire a une fin.

En quelques mots magiques

On reconnaît un artiste à sa capacité de savoir évoluer. Le lecteur est dans une boîte et l'on tente de l'amener avec soi dans une autre boîte. On se doit de plaire à ses lecteurs, tout en leur apportant des surprises et des éléments nouveaux.

De l'enchantement « enfantin » des premiers ouvrages, il ne reste plus grand-chose dans ce septième livre.

Toutes les questions que l'on se posait sont méticuleusement résolues : de quel côté est vraiment Rogue ? Où sont les horcruxes ? Qui va vivre et qui va mourir ? Hermione et Ron vont-ils s'avouer leur amour ? Que va-t-il se passer à Poudlard ? Pourquoi Dumbledore ne s'est-il pas opposé frontalement et sérieusement à Voldemort ? Pourquoi ne l'a-t-il pas tué au département des Mystères ?

On s'aperçoit que le plan de Rowling d'écrire une histoire en sept tomes n'était pas un coup littéraire, doublé d'un coup marketing, mais qu'il y avait bien une vision d'ensemble. La cohérence de l'œuvre force le respect.

Harry Potter est désormais face à un monde ouvert, plus vaste, plus dangereux, hors des murs presque rassurants de Poudlard (l'école est toutefois le lieu de l'apothéose).

Le livre est palpitant de la première à la dernière page. Le premier roman paraît loin à la lecture de ce livre, plein de scènes d'anthologie, avec changements de décor à la clé.

Les cent dernières pages et la fin regorgent de coups de théâtre et l'on va de révélation en révélation. Les personnages se révèlent, les vérités se dévoilent et tout va vite. Trop vite. On se dit que tant d'informations méritaient plus de place…

À la lecture de ce dernier volume, on passe du rire aux larmes. L'émotion est très présente, pratiquement à chaque page avec une fin cathartique.

On pleure à chaudes larmes quand Harry pleure ses parents sur leurs tombes au cimetière de Godric's Hollow, quand Harry retrouve Ron, quand Dobby meurt, quand Fred le jumeau perd la vie, quand Harry s'en va sans crainte vers la mort et lors de son échange final avec Jedusor/Voldemort.

Finis coronat opus. La fin est la couronne de l'œuvre.

Les répliques phares

— *J'ai toujours affirmé que les sorciers paieraient un jour la façon dont ils traitent les elfes de maison.* Hermione

— [Hermione] *est comme une sœur pour moi. Je l'aime à la manière d'une sœur et je pense qu'elle ressent la même chose de son côté. C'est comme ça depuis toujours. Je croyais que tu le savais.* Harry à Ron

— Il n'y a qu'un pas entre « les sorciers d'abord » et les « sang-pur d'abord. »
Kingsley Shacklebolt

— Dobby n'a pas de maître ! Dobby est un elfe libre.
Dobby

— Parfois, il faut penser à autre chose qu'à sa propre sécurité ! Parfois, il faut penser au plus grand bien !
Harry Potter

— Que j'ai espionné pour vous, menti pour vous, que j'ai couru des dangers mortels pour vous. Tout cela devait assurer la sécurité du fils de Lily Potter. Et maintenant, vous m'annoncez que vous l'avez élevé comme un porc destiné à l'abattoir…
Rogue à Dumbledore

— N'aie pas pitié des morts, Harry. Aie plutôt pitié des vivants et surtout de ceux qui vivent sans amour.

— Réfléchissez et essayez d'éprouver un peu de remords, Jedusor…
Harry Potter

Les Contes de Beedle le barde

(The Tales of Beedle the Bard)

La belle histoire

LA PREMIÈRE FOIS que l'on entend parler des *Contes de Beedle le barde*, c'est dans le dernier tome de Harry Potter, *Les Reliques de la Mort*. C'est le nom du livre pour enfants que Dumbledore offre à Hermione dans son testament.

À elle d'en découvrir le sens caché. Hermione et Harry, élévés dans des familles moldues en ignoraient l'existence, alors que Ron, comme tous les enfants des familles aux parents sorciers a été bercé avec cette histoire, comme Hermione et Harry ont pu être bercé avec *Cendrillon* ou avec *Blanche Neige et les Sept Nains*.

Ces livres sont dans un premier temps uniquement destinés à six proches de J.K. Rowling, choisis parmi ceux ayant le plus contribué à son œuvre.

C'est un recueil écrit et illustré à la main par Rowling, de magnifiques objets collector et même de luxe.

Les livres sont reliés en cuir marocain marron de cent soixante pages, décorés sur la première de couverture par les orfèvres Hamilton & Inches d'Edimbourg de cinq ornements d'argent fin poinçonné, gravés à la main, et montés de pierres de lune semi-précieuses serties !

Elle réserve le septième exemplaire numéroté à une vente aux enchères dont les bénéfices sont versés à The Children's Voice, une association caritative cofondée par Rowling, en charge des droits des enfants placés en institution. La vente a lieu le 13 décembre 2007 et la mise à prix était de 30 000 livres.

C'est Amazon qui remporte l'enchère organisée par Sotheby's à Londres pour la somme de 1 950 000 livres sterling soit 2 714 000 €, mais revenant sur sa décision, dans un second temps, Rowling annonce le 31 juillet 2008 la publication du livre pour Noël 2008.

Cela dans deux éditions, une standard et une autre limitée. La standard comprend cinq contes de fées inédits de J.K. Rowling, une nouvelle introduction, la reproduction de dessins de l'œuvre originale et le commentaire du Professeur Albus Dumbledore sur chaque carte, tandis que l'édition Collector plus coûteuse comprend la reproduction manuscrite de la préface de J.K. Rowling, dix illustrations inexistantes dans l'édition standard, un dos et des coins en métal, un étui de velours aux initiales J.K. Rowling et des répliques des pierres précieuses présentes sur la version originale manuscrite.

> — Les Contes de Beedle le barde *sont vraiment une distillation des thèmes présents dans les* Harry Potter*, et les écrire, cela a été la plus merveilleuse façon de dire au revoir à un monde que j'ai aimé et dans lequel j'ai vécu pendant dix-sept ans,* a déclaré Rowling dans un communiqué de presse.

Il contient les contes suivants : *Le Sorcier et la marmite sauteuse, La Fontaine de bonne fortune, Le Cœur poilu du sorcier, Lapina la Babille et sa souche qui gloussait* et *Le conte des trois frères*.

XXI

Les adaptations cinématographiques

Harry Potter à l'école des sorciers

Réalisé par Chris Colombus.
Tournage d'octobre 2000 à avril 2001.
Date de sortie aux États-Unis : 14 novembre 2001.
Date de sortie en France : 14 décembre 2001.
Budget : 125 millions de dollars.
Box-office aux États-Unis : 317 575 550 dollars.
Box-office en France : 9 395 711 entrées.
Box-office mondial : près de 1 milliard de dollars.
Scénario : Steve Kloves.
Produit par David Heyman pour la Warner Bros.
Musique de John Williams.
Durée : 2 h 32.

Ma critique : On doit à Chris Colombus la réussite de ce premier film. Colombus est l'un des disciples de Spielberg, et pendant longtemps, il a été question que le cinéaste surdoué le réalise.

Mais il voulait absolument Haley Joel Osment dans le rôle de Harry Potter, tandis que Rowling comptait sur un acteur anglais.

Colombus a sans doute été choisi par la Warner pour sa capacité à savoir diriger des enfants, (*Maman, j'ai raté l'avion*, c'est lui), mais pour de nombreux cinéphiles, il reste l'auteur du remarquable scénario du petit chef-d'oeuvre de Joe Dante, *Gremlins*. La plus grande réussite, outre le choix des comédiens, c'est bien sûr la superbe musique de John Williams.

Le vénérable compositeur n'en est plus à son coup d'essai et il a écrit quelques-unes des plus belles partitions de l'histoire du cinéma, de *Star wars* à *Indiana Jones*, mais ce thème, ces fameuses petites notes qui ouvrent le film, est tout simplement magique !

Colombus n'avait pas le droit à l'erreur, tant la pression était forte pour le lancement de cette franchise, et il s'est acquitté de sa tâche avec passion et talent.

L'adaptation est fidèle et soignée et, plus important encore, elle ne prend pas les enfants pour des imbéciles et des demeurés.

La gageure était d'introduire tout l'univers, la trame et les nombreux personnages sans que ce soit trop fouillis et le défi est relevé avec maestria. Résultat : Le film est l'un des plus gros succès de l'histoire du cinéma.

Harry Potter et la Chambre des Secrets

Réalisé par Chris Colombus.
Tournage du 18 novembre 2001 au 26 juillet 2002.
Date de sortie aux Etats-Unis : 15 novembre 2002.
Date de sortie en France : 4 décembre 2002.
Budget : 100 millions de dollars.
Box-office aux États-Unis : 261 988 482 millions de dollars.
Box-office en France : 9 144 701 entrées.
Box-office mondial : 876 688 482 millions de dollars.
Scénario : Steve Kloves.
Produit par David Heyman pour la Warner Bros.
Musique de John Williams.
Durée : 2 h 40.

Ma critique : C'est un plaisir de retrouver nos personnages préférés et l'on ne s'ennuie pas une seconde. Beaucoup plus sombre que la première partie, *La Chambre des Secrets* est un délice du début à la fin.

Les effets visuels sont encore plus saisissants.

Parmi les nouveaux venus, Kenneth Branagh tire son épingle du jeu. Cabotinant à souhait dans son rôle de professeur de Défense contre les Forces du Mal, il est irrésistible.

On est par ailleurs vraiment reconnaissant à la Warner et la production du film de ne pas avoir raccourci le métrage ; le film dure 2 h 40, ce qui est sans doute l'une des plus longues durées pour un film avant tout destiné aux enfants.

Magnifique reconstitution de la Chambre des Secrets et du match de Quidditch, grâce à un budget toujours aussi confortable. Et Dobby et ses grandes oreilles est trop mignon !

Harry Potter et le prisonnier d'Azkaban

Réalisé par Alfonso Cuarón.
Tournage du 17 février 2003 au 28 novembre 2003.
Date de sortie aux États-Unis: 4 juin 2004.
Date de sortie en Fance: 2 juin 2004.
Budget: 130 millions de dollars.
Box-office aux États-Unis: 249 541 069 millions de dollars.
Box-office en France: 7 138 546 entrées.
Box-office mondial: 540 250 000 millions de dollars.
Scénario: Steve Kloves.
Produit par David Heyman pour la Warner Bros.
Musique de John Williams.
Durée: 2h21.

Ma critique: Tout concourt à l'enchantement.

Le troisième volet du monde magique de Harry Potter nous comble au plus haut point. Alfonso Cuarón élève le niveau et le film, à l'instar de l'histoire, est plus riche, plus mûr. Et plus noir, plus sombre, notamment avec l'entrée des Détraqueurs, gardiens d'Azkaban. Le décor lisse se lézarde et ceux qui sont censés être du bon côté font le Mal alors que d'autres à l'image du fameux prisonnier d'Azakaban doivent se cacher.

On entre de plain-pied dans le monde de l'adolescence où chacun va devoir faire le choix de la personne qu'il va être durant sa vie entière.

La musique de John Williams est une fois de plus

féérique, merveilleuse, fantastique, une de ses plus belles compositions. La partie *A Window in the past* à la flûte est tout simplement magique.

Superbe photo aux tons beaucoup plus nuancés et sombres, moins colorée.

La saga du jeune magicien et ses compagnons se bonifie avec le temps, ce qui est une réelle bonne surprise. Un classique instantané.

Harry Potter et la Coupe de Feu

Réalisé par Mike Newell.
Tournage du 24 mai 2004 au 18 mars 2005.
Date de sortie aux États-Unis : 18 novembre 2005.
Date de sortie en France : 30 novembre 2005.
Budget : 130 millions de dollars.
Scénario : Steve Kloves.
Produit par David Heyman pour la Warner Bros.
Musique de Patrick Doyle.
Durée : 2 h 39.

Ma critique : Le début est magnifique, le superbe logo de la Warner s'affiche et laisse place à un serpent se glissant dans une nuit profonde vers la maison de sa future proie. L'entrée des groupes des écoles étrangères à Poudlard est tout aussi saisissante. Mais Mike Newell n'a pas tout le talent d'Alfonso Cuarón ; sa mise en scène est beaucoup plus sage, sans la folie créatrice et politique du Latin.

Malgré tout, ne boudons pas notre plaisir, cette version remplit parfaitement le cahier des charges, le divertissement est au rendez-vous avec ses fameuses épreuves du tournoi.

Harry Potter et l'Ordre du Phénix

Réalisé par David Yates.
Tournage de février à mai 2006.
Date de sortie aux États-Unis : 13 juillet 2007.
Date de sortie en France : 11 juillet 2007.
Budget : 150 millions de dollars.
Box-office aux États-Unis : 289 855 000 dollars.
Box-office en France : 6 142 012 entrées.
Box-office mondial : 931 955 714 dollars.
Scénario : Michael Goldenberg.
Produit par David Heyman pour la Warner Bros.
Musique de Nicholas Hooper.
Durée : 2 h 15.

Ma critique : La première vision déçoit notamment en raison des libertés prises par le scénariste (faire de Cho Chang le traître ou entendre Dumbledore apostropher brutalement les élèves sans l'humour et l'ironie mordante qui le caractérisent), mais aux visions suivantes, tout séduit : l'ouverture du film, la musique, les acteurs dont une stupéfiante et très burtonienne actrice interprétant Luna Lovegood et l'impressionnante confrontation finale entre Dumbledore et Voldemort.

David Yates, inconnu du grand public, qui s'est fait la main sur de nombreux téléfilms réussit son pari, au point que la Warner lui confie la réalisation des trois films suivants ! En espérant juste qu'ils n'élagueront pas autant les ouvrages suivants.

Si *L'Ordre du Phénix* est le livre le plus long, à l'arrivée c'est le film le plus court !

Harry Potter et le Prince de sang-mêlé

Réalisé par David Yates.
Tournage du 14 septembre 2007 à mars 2008.
Date de sortie aux États-Unis : 17 juillet 2009.
Date de sortie en France : 15 juillet 2009.
Scénario : Steve Kloves.
Produit par David Heyman pour la Warner Bros.

Coming soon : On est rassuré de voir que Steve Kloves est de retour en tant que scénariste. On a hâte de voir de quelle manière le livre va être transposé à l'écran. C'est le *Harry Potter* qui comporte le moins d'action et le plus de dialogues.

C'est le neveu de Ralph Fiennes, Hero Fiennes Tiffin qui joue Voldemort qui l'interprétera quand il est jeune.

Les images du premier *trailer* mettent l'eau à la bouche et confirment notre impatience en l'accentuant.

Ginny et Harry ! La mort de Dumbledore ! Hélas, il faudra attendre ! Coup de théâtre estival de la Warner ! Le studio décide de reporter le film à juillet 2009 ! Un report aussi long (huit mois) est du jamais vu.

Et pour cause, la Warner a fait le plein d'entrées et d'argent avec le superbe *Batman, the Dark Knight* de Christopher Nolan.

Harry Potter et les Reliques de la Mort : 1re partie

Date de sortie aux États-Unis : 19 novembre 2010.
Date de sortie en France : 25 novembre 2010.
Réalisé par David Yates.
Produit par David Heyman pour la Warner Bros.

Coming soon : Guillermo del Toro s'était déclaré partant pour réaliser cet opus. On se souvient qu'il avait refusé la proposition de la Warner de mettre en scène *Le Prisonnier d'Azkaban*.

Le choix de del Toro aurait vraiment été judicieux. Pour ceux qui auraient des doutes, regardez son chef-d'œuvre, *Le Labyrinthe de Pan,* et vous constaterez que del Toro pouvait faire des *Reliques de la Mort* un autre chef-d'œuvre.

Hélas, il se consacre à une autre adaptation littéraire très attendue, *Bilbo le Hobbit* de Tolkien. Le film sortira en deux parties, de loin la solution la plus préférable même si certains y voient des considérations sociales. Ma plus grande crainte étant qu'il supprime une scène (je vois déjà Kreattur passer à la trappe), la volonté de faire deux films me remplit de joie.

Si le film est fidèle au livre, Hermione (Emma Watson) devra embrasser aussi bien Ron que Harry…

Les scènes indispensables : Godric's Hollow sous la neige et le serpent sortant de la gorge de la vieille

Bathilda, suivie de la vision de Harry de l'assassinat de ses parents par Voldemort. Ce devrait être effrayant.

La bataille finale, bien sûr (espérons que la Warner ne lésinera pas sur les moyens et injectera l'argent nécessaire au budget) mais aussi la fausse mort de Harry et sa confrontation finale avec Voldemort.

Au nom de tous les passionnés de *Harry Potter*, ils doivent faire le meilleur film possible.

Harry Potter et les Reliques de la Mort : 2e partie

Sortie aux États-Unis : 3 mai 2011.
Sortie en France : 1er mai 2011.
Réalisé par David Yates.
Produit par David Heyman pour la Warner Bros.

XXII

Le monde imaginaire de Harry Potter

Poudlard (Hogwarth)

L'origine

C'EST LA PLUS célèbre école de magie du monde. Elle se trouve en Écosse dans un décor de rêve où la nature a tous ses droits.

Poudlard est le nom du majestueux château où les élèves reçoivent leur formation à la magie et apprennent à la contrôler d'onze ans à dix-sept ans.

L'édifice est invisible aux yeux des Moldus. S'ils s'approchent, ils ne voient qu'un château en ruine avec de larges pancartes disant « Défense d'approcher, édifice dangereux ».

L'établissement a été fondé il y a plus de mille ans par quatre grands sorciers : Godric Gryffondor, Salazar Serpentard, Rowena Serdaigle et Helga Poufsouffle.

Ces prestigieux magiciens décident de donner des

cours de magie à tous les sorciers dès qu'ils ont atteint l'âge de onze ans. Tout se passe bien jusqu'au jour où Serpentard déclare que la formation à la magie sera réservée aux enfants ayant du « sang-pur », nés de parents sorciers, et l'école devra exclure les enfants dits de « sang-mêlé », dont l'un des parents, le père ou la mère, est un Moldu.

Les trois confrères de Serpentard refusent de se soumettrent à cette idée abjecte et Serpentard se voit contraint de quitter l'école. Avant de partir, il crée la Chambre des Secrets où il y cache un basilic et qui devra être ouverte par son héritier.

L'endroit magique

Poudlard est accessible par train. Comme dit la chanson de Curtis Mayfield *People get ready :*

> *il n'y a pas besoin de ticket il faut juste monter à bord.*

Et se rendre au seul lieu qui permet d'y accéder, à savoir la gare de King's Cross à Londres.

Le Poudlard Express se prend à la voix 9 3/4 où il faut passer en franchissant un mur. Il se dirige ensuite sans arrêt jusqu'à son terminus au village du Pré-au-Lard.

Poudlard est un endroit merveilleux, bordé d'un lac magnifique et d'une vaste forêt interdite aux élèves, où vivent de fascinantes créatures magiques. Qui n'a pas rêvé d'aller dans cette école ? Une école où l'on vous sert de magnifiques plats dans une grande salle au plafond magique qui a l'aspect du ciel.

À Poudlard, il n'y a pas d'ordinateur et surtout, pas de télévision : personne ne peut y transplaner et l'école est protégée par des sortilèges anciens d'une grande complexité.

La cérémonie d'ouverture

De nombreux rites sont présents à Poudlard. Le plus célèbre est certainement la répartition des élèves dans leur maison par le Choixpeau magique.

Chaque élève de première année en est coiffé pour se voir attribuer une maison où il recevra son initiation à la magie. Pour ce faire, le Choixpeau magique sonde la personnalité et le tempérament de chaque élève afin de l'envoyer dans la maison qui lui correspond le mieux.

L'enseignement

Tout d'abord, il convient de signaler que les élèves de Poudlard ne reçoivent pas notre enseignement traditionnel. Ainsi, curieusement, il n'y a pas de français, pas de mathématiques ni d'histoire (si ce n'est celle de la Magie), pas d'études de langues étrangères et pas d'exercice physique !

Bien étrange que tout cela. On peut donc conclure

que les sorciers n'ont eu que cinq ans pour tout assimiler, c'est-à-dire la période scolaire avant leur arrivée à Poudlard. C'est que leur enseignement de la magie s'avère plutôt conséquent, même si certains cours paraissent plutôt inutiles, dont le cours de divination, vécu par Harry et Ron comme une perte de temps. D'ailleurs, Hermione, perspicace, s'abstient tout bonnement d'y aller.

Chacun dans quatre grandes maisons de Poudlard reçoit ou perd des points dans un grand sablier, selon le respect du règlement de l'école, en fonction des efforts et des résultats obtenus par les élèves. En fin d'année, la maison ayant obtenu le plus de points reçoit la coupe des Quatre Maisons.

Poudlard est un endroit sans parents : ils sont absents de l'école. Les élèves peuvent néanmoins retrouver leurs familles lors des vacances scolaires. La confrontation avec les adultes ne se fait qu'avec les professeurs lors des heures de classe. Hormis ces contraintes, les élèves sont livrés à eux-mêmes dans leur maison et leurs salles communes respectives.

Les élèves suivent les cours suivants :
– étude des sorts, malefices et enchantements ;
– étude de l'histoire de la magie ;
– étude des potions magiques ;
– étude des runes anciennes ;
– étude de la métamorphose ;

– étude de la défense contre les forces du Mal ;
– étude des Moldus ;
– étude de l'arithmancie ;
– étude des soins aux créatures magiques ;
– étude de l'utilisation des balais et du vol ;
– étude de la divination ;
– étude de la botanique.

Les quatre maisons

Gryffondor (Gryffindor)

Fondateur historique : Godric Gryffondor qui y a laissé son épée incrustée d'un rubis.
Direction : Minerva McGonagall.
Blason : un lion d'or sur son fond rouge.
Couleurs pour la désigner : rouge et or.
Élément : le feu.
Accueil des élèves : les téméraires et les forts.
Élèves phares : Harry Potter, Hermione Granger, toute la famille Weasley,
Salle commune : accessible au septième dans la tour de Gryffondor. On y pénètre en faisant pivoter le tableau de la Grosse Dame et en prononçant un mot de passe qui change régulièrement. Très spacieuse,

les élèves disposent de larges fauteuils et d'une cheminée. Souvent, ils y restent jusqu'à plus de minuit, pour le simple plaisir de converser.

Les élèves disposent de sept dortoirs pour les filles et autant pour les garçons, et chaque dortoir comprend cinq lits.

Poufsouffle **(Hufflepuff)**

Fondateur historique : Helga Poufsouffle.

Direction : Pomona Chourave.

Blason : Blaireau noir sur fond jaune.

Couleurs pour la désigner : jaune et noir.

Élément : la terre.

Accueil des élèves : les travailleurs.

Élèves phares : Cedric Diggory, Nymphadora Tonks, Justin Flich-Fletchey.

Salle commune : dans la cave, près des cuisines où servent les elfes. On y accède à travers une peinture, une nature morte.

Serdaigle **(Ravenclaw)**

Fondateur historique : Rowena Serdaigle.

Direction : Filius Flitwick.

Blason : aigle en bronze sur fond bleu.

Couleurs pour la désigner : le bleu et le bronze.

Élément : l'air.

Accueil des élèves : les sages et les érudits.

Élèves phares : Cho Chang et Luna Lovegood.

Salle commune : grande Tour à l'aile ouest du château.

Serpentard (Slytherin)

Fondateur historique : Salazar Serpentard qui y a laissé un médaillon en or incrusté des armoiries de Serpentard, ainsi qu'une bague sertie d'un gros rubis vert.

Direction : Severus Rogue, suivi par Horace Slughorn.

Blason : serpent d'argent sur fond vert.

Couleurs pour la désigner : argent et vert.

Élément : l'eau.

Accueil des élèves : les malins et les ambitieux.

Élèves phares : Tom Jedusor dit Lord Voldemort, Bellatrix Black, Severus Snape, Drago Malefoy.

Salle commune : dans les cachots de l'école.

Le Quidditch, le sport des magiciens

C'est le sport le plus populaire dans le monde des sorciers. Très apprécié, il soude chacune des maisons de Poudlard autour de son équipe, tout en provoquant des conflits et des tensions. Il est né dans les marais de Queerditch, au XIe siècle, d'où son appellation.

Ces marais humides servaient de cadre au match opposant les sorciers entre eux. Le jeu est d'abord rudimentaire et il fallu attendre deux siècles supplémentaires pour que les règles du jeu se développent.

La coupe du monde de Quidditch a lieu tous les quatre ans. Elle voit s'affronter les plus prestigieuses équipe du monde entier.

Chaque école de magie organise sa propre coupe de Quidditch, qui est remise en fin d'année. Poudlard ne fait pas exception, sauf quand les circonstances l'exigent.

Le règlement

Le Quidditch, c'est sa grande particularité, se joue dans les airs. Il y a néanmoins un terrain au sol. Ce terrain réglementaire est un ovale de cent cinquante mètres de longueur sur vingt-quatre mètres de largeur avec un petit cercle (d'une soixantaine de centimètres de diamètre) tracé en son centre.

Ce n'est qu'au coup de sifflet de l'arbitre que les deux équipes en compétition s'envolent dans les airs.

Chaque équipe est composée de sept joueurs qui peuvent être admis dès leur deuxième année, s'ils montrent du talent pour le jeu (Harry Potter étant l'exception). Elle est composée de :

– trois poursuiveurs en charge du Souafle ;

– deux batteurs en charge des Cognards ;

– un attrapeur qui se charge de repérer et saisir le Vif d'or ;

– un gardien qui protège les buts ;

– un arbitre qui dirige le match et veille au respect des règles ;

– un commentateur.

Les accessoires

Un balai : c'est comme la guitare d'un chanteur, indispensable au jeu afin de se déplacer dans les airs.

Le Souafle : balle rouge en cuir de trente centimètres de diamètre.

Les Cognards : chaque équipe possède le sien. Cette balle de fer d'environ vingt-cinq centimètres de diamètre a subi un sortilège pour qu'elle suive les joueurs de l'équipe adverse.

Le Vif d'or : petite balle en or munie d'une paire d'ailes en argent. Elle se déplace très vite dans les airs.

Les joueurs doivent obtenir le maximum de points en lançant le Souafle dans les buts de l'équipe adverse. Ils doivent en outre surveiller les Cognards afin de les éloigner des joueurs de leur équipe ou bien tenter de les envoyer sur les joueurs de l'équipe adverse.

Le rôle crucial de l'attrapeur est de repérer le plus rapidement possible le Vif d'or afin de faire gagner 15 points à son équipe et mettre fin au match. Sans la capture du Vif d'or, un match peut durer très longtemps. Ainsi, dans le Quidditch, ce n'est pas de faire durer le jeu qui compte.

Les vainqueurs de la Coupe de Quidditch

1re année : Serpentard ; Harry n'a pas joué le dernier match car il était à l'infirmerie à la suite de sa confrontation face à Voldemort. Gryffondor obtient sa plus grave défaite depuis trois cents ans.

2e année : la coupe n'est pas remise en raison des événements autour de la Chambre des Secrets.

3e année : Gryffondor.

4e année : Les matchs de Quidditch n'ont pas lieu en raison du tournoi de la Coupe de feu.

5e année : Gryffondor.

6e année : Gryffondor.

7e année : la Coupe n'est pas remise en raison des la main-mise des Mangemorts sur Poudlard.

Le ministère de la Magie

On y accède en passant par une cabine téléphonique du centre de Londres. Le ministère de la Magie est en charge des affaires concernant les sorciers, mais aussi des Moldus. Ainsi, le Premier ministre de la Magie est-il seul à informer le Premier ministre des Moldus au 10, Downing Street de l'existence des sorciers.

Ce ministère comporte sept grands départements :

– le département de la coopération magique internationale, qui inclut l'organisation internationale du commerce magique, le bureau international des lois magiques et la confédération internationale des sorciers ;

– le département de la justice magique, qui inclut le service des usages abusifs de la magie, le quartier général des Aurors et le service administratif du Mangemagot ;

– le département de contrôle et de régulation des créatures magiques, qui inclut la section des animaux, des êtres et des esprits, le bureau de liaison des gobelins et l'agence de conseil contre les nuisibles ;

– le département des accidents et catastrophes magiques, qui inclut la brigade de réparation des accidents de sorcellerie, le quartier général des Oubliators et le comité des inventions d'excuses à l'usage des Moldus.

– le département des jeux et sports magiques, qui inclut le siège des ligues anglaises et irlandaises du Quidditch, le bureau des brevets saugrenus et le club officiel des Bavboules.

– le département des transports magiques, qui inclut la régie autonome des transports par cheminée, le service de régulation des balais, l'office des Portoloins et le centre d'essai de transplanage ;

– le département des mystères.

L'ordre et la sécurité

Prison d'Azakaban

Dans cet horrible endroit sont enfermés les criminels, les délinquants, les voleurs et les opposants du ministère. La prison est contrôlée par les Détraqueurs.

Les Détraqueurs

Ces gardiens de la prison d'Azkaban sont des créatures ignobles et repoussantes qui se nourrissent de la joie des gens en semant autour d'eux la désolation. Au contact d'un Détraqueur, tout souvenir heureux s'envole, toute manifestation de joie s'évanouit.

Ils peuvent tuer en aspirant l'âme, en glissant vers leur proie et en lui faisant le Baiser. Le seul moyen de repousser les Détraqueurs est de faire appel à un souvenir particulièrement heureux en prononçant le sortilège : *Expetro patronum.*

Bien que supposés obéir au ministère de la Magie, ils sont en fait les « alliés naturels » de Voldemort, tant convergent leurs aspirations et leurs intérêts.

Pour Rowling, les Détraqueurs sont une réminiscence d'une dépression post-édition. Ils créent une absence de sentiment.

Ainsi, de même que l'on trouve la sérénité dans le bonheur, on peut empêcher les Détraqueurs d'exister en créant les conditions heureuses qui empêcheront leur existence.

La brigade inquisitoriale

Elle est mise en place par Ombrage pour contrer toute rébellion à l'intérieur de l'école et étouffer toute contestation. Composée d'élèves de Serpentard et diriger par Malefoy, elle possède des pouvoirs discrétionnaires dont elle abuse à volonté : censure du courrier, punitions, retrait de points et brimade aux élèves. Elle remet en outre ses rapports à Ombrage.

La Résistance

L'Ordre du Phénix

Cette organisation secrète fondée par Albus Dumbledore afin de regrouper tous ceux qui voulaient s'organiser contre Voldemort et ses Mangemorts. Leur quartier général se trouve au 12, square Grimmaurd, la maison de Sirius Black.

Dumbledore accepte tous ceux dont le courage et la force sont nécessaires pour lutter contre Voldemort, sans distinction de race ou de classe.

À y regarder de plus près, l'Ordre du Phénix est même composé de gens plus en marge de la société qu'autre chose : un vieil homme (Dumbledore), un loup-garou pauvre (Lupin), une famille pauvre sans argent (les Weasley), un voleur (Mondingus), un ex-prisonnier en fuite et recherché par le ministère de la Magie (Sirius), une jeune sorcière déjantée (Tonks) et le meilleur pour la fin, Severus Snape.

L'armée de Dumbledore

Fondée par Hermione Granger et dirigée par Harry Potter, à qui elle demande d'assurer des cours de Défense contre les forces du Mal.

L'expérience de Harry face à Voldemort et aux Détraqueurs doit servir à assurer aux élèves qui le souhaitent les moyens de résister avec l'usage de sortilèges et de maléfices et de défense.

Chaque membre doit signer son nom sur un parchemin ensorcelé qui scelle son entrée dans l'AD.

Le lieu de rendez-vous est situé dans la Salle sur Demande.

Les Aurors

Il s'agit d'une branche de sorciers et sorcières très expérimentés chargés de la lutte contre l'utilisation illicite et les abus de la magie noire (car celle-ci n'est pas interdite par le ministère).

Situés au ministère de la Magie, les Aurors sont également en charge de la sécurité des Sorciers et dans une moindre mesure, des Moldus. Ils sont seuls habilités à commettre des arrestations et ont même le permis de tuer.

Certains Aurors abusent également de leur autorité et n'ont pas donné aux Mangemorts le droit d'avoir un procès. Ainsi, Sirius révèle à Harry que Fol-Œil, le plus célèbre et intrépide Auror, ne s'est jamais abaissé à commettre les mêmes bassesses que ses ennemis.

Le ministère dispose également d'une brigade de tireurs de baguettes magiques.

XXIII

Les personnages de la saga

B

Baron sanglant : fantôme de Serpentard. Il a tué la Dame Grise, Helena, la fille de Rowena Serdaigle, qui hante aussi les murs de Poudlard.

Bell Katie : poursuiveuse de l'équipe de Quidditch de Gryffondor. Membre de l'AD.

Madame Bibine (Hooch) : professeur de Balais et arbitre des matchs de Quidditch.

Binns (professeur) : seul fantôme a être enseignant à Poudlard. Il ne s'est jamais rendu compte qu'il est mort. Il enseigne l'histoire de la magie.
Rowling s'est inspirée de tous les professeurs ennuyeux qu'elle a eus.

Black Arcturus Regulus : le jeune frère de Sirius. S'il est dans un premier temps sensible aux idées de Voldemort, il ouvre les yeux sur sa véritable nature quand il voit le sort qu'il réserve à l'elfe de maison, Kreattur.
Il se suicide en buvant la potion de l'horcruxe.

Black Sirius : à Poudlard, il fut le meilleur ami de James Potter et de Lupin. Parrain de Harry. En témoignage de son amitié, il devient un *animagus* non déclaré pouvant se transformer en chien pour accompagner Lupin lors de sa transformation en loup-garou.
Injustement accusé d'être responsable de la mort des parents d'Harry et d'avoir assassiné des Moldus, il est emprisonné durant treize ans à Azkaban.
Il parvient à s'en échapper et réussit à veiller sur Harry qu'il considère comme un fils.
À la fin de la cinquième année, Sirius est tué par Bellatrix Lestrange au département des Mystères.

Brown Lavande : meilleure amie de Parvati. Membre de l'AD. Elle est le premier flirt de Ron durant la sixième année.

Burbage Charity (professeur) : elle enseigne l'histoire des Moldus à Poudlard. Après avoir signé une tribune dans la *Gazette du Sorcier* (le *Daily Prophet*) préconisant la cohabitation pacifique entre les sorciers et les Moldus, elle est capturée par les Mangemorts et assassinée par Voldemort, sous les yeux impuissants de Rogue.

C

Carrow Alecto et Amycus : frère et sœur, ils sont des Mangemorts. Ils sont professeurs à Poudlard dans *Les Reliques de la Mort*. Amycus enseignant non pas la Défense contre les Forces du Mal, mais les Forces du Mal, cours rebaptisé art de la magie noire et Alecto l'étude des Moldus.

Chang Cho : « Jamais de la vie on ne l'oubliera la première fille qu'on a prise dans ses bras » chante Brassens. Harry Potter n'est pas près d'oublier la magnifique Cho Chang à la sublime chevelure noire et brillante et aux grands yeux noirs. Le sourire asiatique de Cho commence à faire fondre son cœur en troisième année.

Cho est attrapeur au Quidditch pour Serdaigle, sa maison.

Sa beauté est appréciée. Avant de sortir avec Harry, elle fréquentait le plus beau garçon de l'école, Cedric Diggory.

Membre de l'AD, elle participe à la bataille finale de Poudlard.

Elle s'est mariée avec un Moldu.

Forme de son Patronus : un cygne.

Chourave Pomona (Sprout) : professeur de botanique à Poudlard et directrice de la maison Poufsouffle.

Corner Michael : élève de Serdaigle. Membre de l'armée de Dumbledore, il est sorti avec Ginny Weasley. Il est torturé après avoir libéré une élève de première année punie par les Carrow.

Crabbe Vincent : meilleur ami et larbin de Drago Malefoy. Il meurt lors de la bataille finale de Poudlard.

Crivey Colin : passionné de photographie, sa principale *no fashion victim* est Harry Potter. Son petit frère, Denis, vient le retrouver à Gryffondor.
Ne pouvant se rendre à Poudlard, en raison de son « statut de sang » mi-Moldu, Colin rejoint l'école après avoir reçu l'alerte sur son galion enchanté. Désobéissant au professeur McGonagall, il part se battre malgré qu'il ne soit pas encore majeur. Il est tué lors de la bataille finale.

D

Delacour Fleur : française d'une beauté stupéfiante, car en partie Vélane par sa grand-mère, Fleur Delacour participe au tournoi de la Coupe de Feu.
Elle voue une affection sans borne pour Harry pour avoir « sauvé » sa petite sœur Gabrielle lors d'une épreuve dans le lac.
Elle tombe amoureuse de Bill Weasley et l'épouse dans *Les Reliques de la Mort*.

Diggory Cedric : beau garçon aux cheveux noirs, Cedric Diggory est attrapeur dans l'équipe de Quidditch. Petit ami de Cho Chang, il participe pour Poudlard au tournoi de la Coupe de Feu. Il est tué par Peter Pettigrew sur ordre de Voldemort.

Dobby : elfe de maison au service des Malefoy. Pour sauver Harry Potter, qu'il aime de tout son cœur, Dobby trahit les Malefoy.

Grâce à Harry, il devient un elfe libre et travaille dans les cuisines de Poudlard. Dumbledore est le premier à lui verser un salaire. Dans *Les Reliques de la Mort*, il sauve la vie de Harry Potter, Luna Lovegood, Ron, Hermione, Ollivander et le gobelin prisonnier des Mangemorts.

À cette occasion, il est tué par Bellatrix Lestrange. Il est enterré par Harry sans l'usage de la magie, près de la maison de Fleur Delacour et Bill Weasley.

Dubois Olivier : gardien et capitaine de l'équipe de Quidditch de Gryffondor, il prend son rôle très à cœur. Il est remplacé en quatrième année par Angelina Johnson.

Il participe à la bataille finale.

Dumbledore Abelforth : frère de Dumbledore. Tavernier à Pré-au-lard, il sauve la vie de Harry, Ron et Hermione en les cachant des Mangemorts. Avant cela, il leur avait envoyé l'elfe Dobby pour les libérer. Il organise la fuite des élèves de Poudlard lors de la bataille finale et prend part au combat.

Forme de son Patronus : une chèvre.

Dumbledore Albus : son prénom en latin signifie blancheur et sagesse.

Albus Perceval Wulfric Brian Dumbledore est d'emblée présenté par Rowling comme un vieux sorcier dont l'apparence physique témoigne de la vie qu'il a menée. Il allie à la fois un visage bienveillant, qui sourit au monde avec sagesse, auréolé de longs cheveux blancs et d'une longue barbe blanche, ainsi qu'un nez crochu qui semble avoir déjà reçu plusieurs coups ou maléfices, chaussé de lunettes en forme de demi-lune.

La communauté des sorciers le considère comme le plus grand magicien de tous les temps.

Né en 1841, Dumbledore parle la langue des sirènes, le Gobbledegook et Fourchlang.

Quand il n'est pas à explorer tous les mystères de la magie ou à diriger Poudlard, Dumbledore écoute de la musique de chambre et joue au bowling.

Il est aussi président du Mangemagot, le tribunal des sorciers.

Il a vaincu le mage Grindelwald en 1945, l'année où les Moldus mettaient fin à la Seconde Guerre mondiale et au nazisme. C'était après avoir été son ami et avoir été sensible à ses idées de domination des Moldus. Grindewald a été en outre le premier et véritable amour de Dumbledore, qui est gay.

Le 1er novembre 1981, il dépose Harry Potter devant la maison des Dursley.

Dumbledore va chercher à trouver le secret des reliques de la Mort, à travers ses trois objets, la baguette, la pierre et la cape d'invisibilité.

Avide de gloire, Dumbledore est un jeune sorcier arrogant qui va être responsable de la mort de sa sœur. À la suite de ce drame, il va passer sa vie à racheter cette faute, et refuser tous les honneurs et

tout pouvoir. À quatre reprises, il refuse le fauteuil de ministre de la Magie.
Dumbledore est également réputé pour avoir découvert les douze propriétés du sang de dragon. Après avoir été professeur de métamorphoses, il devient directeur de l'école de Poudlard dans les années 70.
Dumbledore a été par deux fois suspendu de son titre de directeur de Poudlard. La première fois, lors de la seconde année de Harry à Poudlard, quand, profitant du sentiment de panique, lié à l'attaque du Basilic, Lucius Malefoy convainc le conseil d'administration de se séparer de lui. La seconde fois, lors de la cinquième année de Harry à Poudlard, Dumbledore assume la responsabilité de la création de l'AD par Harry Potter et prend la fuite.
À chacune de ses interventions, quelle que soit la personne à laquelle il s'adresse, Dumbledore conserve un ton courtois et poli avec une voix joyeuse et le sourire en coin. Toujours cordial et maître de lui, lisse, il garde son calme même quand il a affaire à l'obstination butée d'Ombrage ou du ministre de la Magie, Fudge.
Dumbledore est tué par Rogue en juin 1997, selon un accord qu'ils avaient fait ensemble pour protéger Drago Malefoy. Le vieux sorcier était atteint par le maléfice de la pierre de résurrection, qu'il avait trouvée dans les ruines de la maison des Gaunt.

N'obéissant plus à sa raison mais à son désir d'immortalité, Dumbledore n'a pas réalisé le danger. Le sortilège détruisit sa main et se répandit dans son corps. Severus Rogue réussit à contenir le maléfice dans sa main noircie, mais apprit que le maléfice était irréversible et qu'il ne lui restait plus qu'un an environ à vivre.

Forme de son Patronus : un phénix.

Dumbledore Ariana : petite sœur d'Albus Dumbledore. Alors âgée de six ans, elle est agressée par des Moldus qui venaient de la voir recourir à la magie. À la suite de cette agression, elle s'enferme dans le silence et la négation de son pouvoir magique.

Son père est à la prison d'Azkaban, après s'être vengé des Moldus.

Ariana tue accidentellement sa mère en lui jetant un sort mortel.

C'est lors d'une dispute entre Albus, son frère Alberforth et Grindewald qu'Ariana est tuée, sans que l'on sache exactement qui a fait usage du sortilège. Ce pourrait être aussi bien Grindewald que l'un des frères Dumbledore…

Dumbledore Perceval : père d'Albus, Aberforth et Ariana. Il est envoyé à Azkaban, après s'être vengé de l'agression de sa fille par des Moldus. Il meurt dans la sinistre prison.

Les Dursley : famille adoptive de Harry Potter qui y

vit de l'âge d'un an jusqu'à ses onze ans avant de rallier Poudlard.

C'est sa tante, Pétunia, la sœur de Lily, la mère de Harry, qui accepte de recueillir le bébé. Pétunia est une femme au foyer dont les seuls plaisirs sont le commérage et l'entretien méticuleux de sa maison. Elle est mariée à Vernon, aussi antipathique qu'elle. Il est propriétaire d'une entreprise de perceuses.

Les Dursley sont des conservateurs, toujours bons à se plaindre, en particulier Vernon qui peste devant sa télé contre les voyous aux cheveux longs, les sans-emploi et bien entendu Harry, son bouc émissaire favori (J.K. Rowling a dit que Vernon était le personnage de la saga qu'elle aimait le moins). Sa sœur est le portrait craché de Margaret Thatcher, dont elle emprunte aussi la rhétorique. Hors de lui, Harry la transforme en ballon dans *Le Prisonnier d'Azkaban*.

Quand Pétunia espionne ses voisins par la fenêtre, Vernon réclame à grands cris le rétablissement de la peine de mort pour tout ce qui bouge.

Ils sont particulièrement cruels et n'hésitent pas à priver Harry de nourriture ou bien encore à l'enfermer durant des jours entiers dans un placard. D'une pingrerie rare, les Dursley n'ont jamais offert de cadeau à Harry. Le mont Everest de leur avarice étant atteint quand, à Noël de la quatrième année de Harry à Poudlard, ils lui envoient un mouchoir en papier !

Plus Harry grandit, plus il va être incapable d'étouffer sa colère. Parfois il réussit à la contenir avec humour, comme il joue de la peur des Dursley de Sirius, son parrain, ou parfois elle explose, et ce sont des tiers qui peuvent en faire les frais, comme la sœur de Vernon.

Les Dursley n'ont qu'un enfant à l'allure porcine, Dudley qu'ils chouchoutent jusqu'à la nausée. Dudley qui passe sont temps devant sa télé à engloutir des cochonneries est un enfant puis un adolescent épouvantable, capricieux, doublé d'un élève médiocre.

L'attitude de Big D envers Harry ne changera que quand il commencera à comprendre quelle fut la vie de Harry et qu'il lui sera reconnaissant de l'avoir secouru des Détraqueurs. Attaque qui s'avérera bénéfique pour Dudley car, pour la première fois, il put voir ce qu'il était vraiment.

Pétunia, tout horrible qu'elle soit, a accepté de garder avec elle Harry. Elle préserve ainsi la protection magique que la mère de Harry lui a léguée. Elle aurait sans doute considéré Harry comme un fils si elle n'avait pas tant redouté ses pouvoirs magiques, qu'elle a vus apparaître sur sa petite sœur alors qu'elle n'était qu'une enfant.

Pétunia s'exprime peu dans la saga. Il semble que J.K. Rowling soit mal à l'aise avec elle. Même à la fin, quand elle se tourne vers Harry au moment des adieux, on croit qu'elle va lui révéler quelque chose – des mots de réconfort, de compassion ou lui parler de sa mère ou bien lui souhaiter tout simplement bonne chance –, mais elle se contente de le quitter sans un mot.

E

Edgecombe Marietta : amie de Cho Chang, elle entre avec réserve dans l'AD. Elle en sera exclue « dermatologiquement » pour avoir trahi le groupe et l'avoir dénoncé à Ombrage.

F

Finnigan Seamus : élève de Gryffondor, c'est un membre de l'AD.
Forme de son Patronus : un renard.

Flitwick Filius : directeur de la maison Serdaigle et professeur des enchantements. De petite taille car descendant d'un ancêtre gobelin.

Fudge Cornelius : ministre de la Magie, il feint de croire que Dumbledore et Harry Potter mentent au sujet du retour de Voldemort. Dès lors, il met en place un régime quasi totalitaire avec un strict contrôle de l'information.
Il est démis de ses fonctions à la fin de la cinquième année.

G

Globe-Planche Willhelmina : elle remplace Hagrid au cours de soin aux créatures magiques. Elle guérit Hedwige, la chouette, quand elle est blessée.

Gaunt Elvis Marvolo : c'est le grand-père de Tom Jedusor. Descendant de Salazar Serpentard, son aversion pour les Moldus est sans égale.

Gaunt Merope : mère de Tom Jedusor, elle a recours à un philtre d'amour pour séduire Tom Jedusor, qui l'abandonnera alors qu'elle est enceinte du futur Voldemort.

Gaunt Morfin : frère de Merope. Hostile aux Moldus, il ne cesse de les agresser sans raison. Il s'accuse du meurtre de toute la famille Jedusor, après que celle-ci fut assassinée par Voldemort.

Goyle Gregory : ami et larbin de Drago Malefoy.

Greyback Fenrir : loup-garou et Mangemort. Il mord Bill Weasley en sixième année. C'est aussi lui qui avait mordu Lupin.

Dans *Les Reliques de la Mort*, il fait prisonniers Harry, Ron et Hermione, qu'il livre aux Mangemorts et Voldemort dans le manoir des Malefoy. Il est tué par Ron et Neville lors de la bataille finale.

Gryffondor Godric : il est né dans le village de Godric's Hollow, quelques centaines d'années avant que Harry Potter y naisse à son tour.

Courageux et brillant, il fonde Poudlard avec ses trois amis sorciers. C'est lui qui se montre le plus enthousiaste à recevoir tous les enfants, quelles que soient leurs origines, s'ils montrent un don naturel pour la magie.

Godric Gryffondor a fait deux précieux dons à l'école de Poudlard :

- son Choixpeau magique qui répartit chacun des nouveaux élèves dans sa maison respective et dont les chansons sont toujours dans l'esprit de Gryffondor, libre d'esprit et humaniste ;
- son épée qui se trouve à l'intérieur du Choixpeau magique.

L'épée a été conçue par des gobelins (qui estiment en être toujours les propriétaires légitimes) et léguée par Dumbledore à Harry dans son testament. Elle devait lui servir à détruire les horcruxes. L'épée obéit à chaque personne qui fait preuve de courage. Ainsi, tour à tour, Ron Weasley et Neville Londubat s'en servent contre Voldemort.

Grindewald Gellert : ce grand sorcier était élève à Durmstrang. Il en est renvoyé à l'âge de seize ans pour avoir pratiqué la magie noire.

Il est le premier et seul amour de Dumbledore. Ayant un très fort ascendant sur ce dernier ; il le convainc de faire usage avec lui de leur force magique pour contrôler les Moldus. Il demande aussi à Dumbledore de l'aider à trouver les autres reliques de la Mort leur permettant de devenir immortels (Grindewald est déjà en possession de la baguette qu'il avait volée à Gregorovitch).

À la mort de la sœur de Dumbledore, dont il pourrait bien être le meurtrier, Grindewald prend la fuite. En 1945, Dumbledore le retrouve et parvient à le mettre hors d'état de nuire. C'est ainsi qu'il récupère la baguette.

Néanmoins quand le mage noir lui rend visite dans son cachot, il ment à Voldemort et dit qu'il ne sait pas où se trouve la Baguette de Sureau.

Grindewald est enfermé à Nurmengard, prison qu'il avait lui-même fait construire pour enfermer ses opposants. Il y mourra, tué par Voldemort.

H

Hagrid : ce demi-géant est le garde-chasse de l'école de Poudlard, le gardien des Clés et des Lieux.

C'est Hagrid qui récupère Harry bébé dans les débris de sa maison à Godric's Hollow après le meurtre de ses parents par Voldemort. C'est toujours lui qui révèle à Harry pour la première fois le jour de ses onze ans, qu'il est un sorcier.

Le nom donné à Hagrid vient d'un terme ancien *hagriden* signifiant passer une mauvaise nuit pleine de cauchemars.

Hagrid fut soupçonné en 1943 d'avoir ouvert la

Chambre des Secrets alors qu'il était en deuxième année et ne dut son maintien dans l'école que grâce à l'intervention de Dumbledore.

Il bénéficie toujours de la confiance la plus absolue de Dumbledore, qui lui confie la tâche d'être le professeur de soin aux créatures magiques. Il faut dire que les créatures magiques sont la grande passion de Hagrid, qui adore les bêtes et animaux magiques, surtout s'ils sont gros et dangereux, comme les araignées et les dragons…

Hagrid vit dans une cabane d'une seule pièce. Mais pourquoi Dumbledore ne lui octroie-t-il pas un endroit plus confortable ?

C'est en sa compagnie et sur sa moto que Harry s'enfuit de Privet Drive au début des *Reliques de la Mort*.

Hedwige : cette chouette blanche est une harfang des neiges. Son nom vient d'un livre sur les saints de l'époque médiévale : sainte Hedwige prenait soin des enfants abandonnés.

Cadeau de Hagrid à Harry pour ses onze ans, elle lui sera très utile tout au long des années scolaires et lui servira de lien avec le monde de la magie quand il est enfermé à Privet Drive.

Elle meurt au début des *Reliques de la Mort,* marquant ainsi la fin de l'innocence de Poudlard pour Harry.

J

Jordan Lee : élève de Gryffondor. Meilleur ami des jumeaux Weasley, il commente avec humour les matchs de Quidditch. Il est sorti avec Cho Chang. Il participe à la bataille finale de Poudlard.

Jedusor Tom Elvis dit **Lord Voldemort** (Tom Marvolo Riddle) : il est né le 31 décembre 1926. Sang-mêlé, il est abandonné par son père qui le laisse avec sa mère. Tom Jedusor Senior n'a pas supporté d'avoir été abusé par un philtre d'amour préparé par sa femme Merope. Elle accouche dans un orphelinat et décède une heure plus tard après avoir mis au monde le futur Voldemort.

C'est Dumbledore, alors professeur de métamorphoses à Poudlard, qui lui permet de venir étudier dans l'école de magie, quand l'enfant atteint l'âge d'onze ans.

Très beau garçon, plein de charisme, Jedusor va mettre ses talents de manipulateur au service de ses noirs desseins.

Héritier de Serpentard, c'est tout naturellement que le Choixpeau magique l'envoie dans la maison Serpentard. Il découvre par la suite que son père était un Moldu et cette honte (définie par Spinoza comme la haine de soi) va provoquer sa haine des Moldus.

Excellent élève, il obtient les notes maximales aux BUSE et aux ASPIC. À la fin de ses études, il

demande à Dumbledore de lui confier le poste de professeur de Défense contre les Forces du Mal. Dumbledore refuse en raison de son jeune âge.
Il se fait alors engager dans un magasin de magie noire. Jedusor démissionne ensuite de son poste pour rallier les Mangemorts et préparer son ascension.
Il revient à Poudlard pour obtenir le poste de professeur de Défense contre les Forces du Mal, mais Dumbledore refuse une nouvelle fois !
Obsédé par les sorciers de sang-pur, il devient le plus terrible mage noir de tous les temps et fait régner la terreur.
Il prend le nom de Lord Voldemort.
Le nom est formé autour de l'anagramme :

> JE SUIS VOLDEMORT = TOM ELVIS JEDUSOR.

Rogue, qui est alors un Mangemort, lui rapporte une prophétie, entendue de la bouche de Trelawney :

> Celui qui a le pouvoir de vaincre le Seigneur des Ténèbres approche… il naîtra de ceux qui l'ont par trois fois défié, il sera né lorsque mourra le septième mois… et le Seigneur de Ténèbres le marquera comme son égal mais il aura un pouvoir que le Seigneur des Ténèbres ignore… et l'un d'eux devra mourir de la main de l'autre car aucun d'eux ne peut vivre tant que l'autre survit.

Deux enfants correspondent à cette prophétie, Harry Potter et Neville Londubat. Mais Voldemort choisit

Harry Potter, car il est comme lui sang-mêlé et il décide d'en faire son égal.

Le 31 octobre 1981, après avoir tué les parents de Harry, il tente de l'assassiner, mais son sortilège de mort ricoche sur lui et il disparaît. À ce moment, il lègue une partie de lui-même à Harry et en fait involontairement le dernier de ses horcruxes.

Lors de la première année de Harry Potter, Voldemort tente de s'emparer de la Pierre Philosophale mais en est empêché par le jeune sorcier. Ce n'est qu'en quatrième année, et grâce à l'aide de Peter Pettigrew, qu'il parvient à prendre forme dans un corps. Dans le même temps, il prend le sang de Harry et profite ainsi de la protection magique transmise par sa mère. La communauté des sorciers sait dorénavant que Voldemort est de retour, mais refuse de l'admettre. Le Seigneur des Ténèbres tente ensuite de récupérer la partie de la prophétie qu'il ignore, mais il est mis en échec par Dumbledore au département des Mystères. Le ministère ouvre enfin les yeux mais refuse encore d'agir.

À la mort de Dumbledore, l'atmosphère évolue encore plus sombrement. Harry et les résistants de l'ordre du Phénix sont des proscrits qui vivent dans la clandestinité.

Voldemort détient alors tous les pouvoirs. Mais il est tué par Harry Potter, à Poudlard et disparaît, semble-t-il, à jamais…

Johnson Angelina : une grande fille noire qui joue au poste de poursuiveuse au Quidditich. Elle remplace Olivier Dubois au poste de capitaine de l'équipe de Gryffondor en cinquième année. Membre de l'AD.

K

Kreattur : elfe de maison des Black, sa trahison conduira indirectement à la mort de Sirius. Kreattur change d'attitude devant la compassion que lui montre Harry, son nouveau maître.

Krum Victor : attrapeur de l'équipe de Quidditch de Bulgarie, mondialement connue pour ses exploits. Élève à l'école Durmstrang, il est l'un des quatre participants du tournoi de la Coupe de Feu.
Il tombe amoureux d'Hermione avec qui il continue de correspondre par lettres. Au mariage de Bill Weasley et Fleur Delacour, il révèle à Harry le signe des reliques de la Mort, que porte le père de Luna Lovegood.

L

Lestrange Bellatrix : à la fois la plus terrible et la plus cruelle des Mangemorts, et la plus proche de Voldemort, dont elle a toujours été amoureuse.
Adepte des Sortilèges Impardonnables. Elle inflige

le sortilège Doloris aux Londubat qui les conduira à la folie.

Elle est responsable de la mort de Sirius, Dobby, Tonks et de Fred Weasley.

Bellatrix Lestrange est tuée par Molly Weasley, lors de la bataille finale de Poudlard.

Gilderoy Lockhart : son prénom est celui d'un élégant bandit écossais que Rowling a trouvé dans le *Dictionnaire de la phrase et de la fable*.

Quant à son nom, c'est celui d'un soldat de la Première Guerre mondiale que la romancière a lu sur un monument aux morts.

Professeur de Défense contre les forces du Mal, Gilderoy Lockhart est un auteur à succès de livres sur la magie, où il s'attribue les exploits de sorciers dont il a effacé la mémoire…

Les Londubat : les parents de Neville, Frank et Alice, furent des Aurors compétents et de farouches membres de l'armée de Dumbledor.

Torturés par Bellatrix Lestrange, ils perdront la raison et seront hospitalisés. Leur enfant, Neville, né le même jour que Harry Potter, un 30 juillet, a été élevé par sa grand-mère.

Élève de Poudlard, Neville est d'abord en retrait, mais il va prendre de l'assurance, au point de devenir l'un des membres les plus actifs de l'AD. C'est lui qui trouve la Salle sur Demande permettant aux élèves résistants de fuir l'ordre tyrannique des Mangemorts à Poudlard.

Sa grand-mère participe à son côté au combat final. Quand Voldemort rapporte le corps de Harry Potter, de la forêt à Poudlard, c'est l'intrépide Neville Londubat qui ose affronter le mage noir.

Londubat Hannah (née Abbot) : élève à Poufsouffle et membre de l'AD. Sa mère est assassinée par les Mangemorts dans *Le Prince de sang-mêlé*. Elle est mariée à Neville Londubat et propriétaire du Chaudron Baveur, où ils vivent.

Lovegood Luna : élève à Serdaigle, elle est connue pour son excentricité. Personnage très burtonien chez Rowling, elle introduit dans *Harry Potter* à la fois de la poésie, de la folie et une féminité qui manquait un peu.

Fille du propriétaire du journal satirique, *Le Chicaneur*, elle est un membre actif de l'AD.

Les Détraqueurs la font prisonnière dans le train qui la ramène chez elle lors des vacances hivernales. Libérée par Dobby, elle participe à la bataille finale de Poudlard.

Luna devient ensuite une célèbre naturaliste, dont le travail sur la classification de nombreuses nouvelles espèces animales fait autorité. Elle s'est mariée à un autre naturaliste, Rolf Scamander. Ils ont eu deux garçons, des jumeaux, Lorcan et Lysander.

Forme de son Patronus : un lièvre.

Lovegood Xena : père de Luna et directeur du *Chicaneur*, le journal satirique des sorciers. Après avoir pris la défense de Harry dans ses articles, sa fille est emprisonnée par les Mangemorts. Ils menacent de la tuer s'il ne leur livre pas Harry. Ce qu'il est contraint de faire.

Lupin John Remus : meilleur ami de James Potter et de Sirius Black. Il fait partie des Maraudeurs sous le nom de Lunard, avec James, Sirius et le futur félon Peter Pettigrew. C'est un lycanthrope, autrement dit un loup-garou.

Lupin devient professeur de Défense contre les forces du Mal durant la troisième année de Harry à Poudlard. Membre de l'ordre du Phénix dès sa fondation, il est de tous les combats.

C'est un homme blessé, qui cache de profondes douleurs, aussi bien psychologiques que physiques. Il épouse Tonks qui lui donnera un enfant, Teddy. Tous deux perdront la vie lors de la bataille finale. Lupin est tué par Dolohov, tandis que Tonks est assassinée par Bellatrix Lestrange. Teddy est alors élevé par sa grand-mère Andromeda ; passant beaucoup de temps chez Harry Potter, son parrain. C'est un métamorphomage, comme sa mère.

M

MacMillan Ernie : élève de Poufsouffle. Membre de l'AD.

Forme de son Patronus : un sanglier.

McGonagall (professeur) : Minerva tire son nom de la déesse romaine de la sagesse et de la médecine. Elle enseigne l'art de la métamorphose. Animagus déclarée, elle peut se métamorphoser en chat.

Très stricte sur le règlement, elle est d'une froideur que viennent tempérer de rares sourires. Bien que très attachée à Harry, elle se montre peu chaleureuse à son égard. Elle ne fait rien pour mettre fin aux retenues qu'impose Ombrage à Harry.

Quand Dumbledore meurt, elle prend la direction de l'école, avant d'être remplacée par Rogue.

Lorsqu'un Mangemort, professeur à l'école, lui crache dessus, Harry sort de la protection de sa cape d'invisibilité pour la défendre.

Elle organise par la suite l'évasion des élèves de Poudlard et se bat vaillamment lors de la bataille finale. Minerva assure ensuite la direction de Poudlard.

Forme du Patronus : un chat.

Drago Malefoy : les Malefoy n'ont que le mot « racaille » à la bouche pour désigner les sorciers ne venant pas uniquement de familles de sorciers.

Riches et racistes, Lucius et Narcissa ont un enfant

unique, Drago, élève à Serpentard. Il déteste Harry et plus encore Ron et Hermione. C'est un peu le pendant sorcier du Moldu Dudley, fils unique gâté et pourri par ses parents. Malgré cela, il n'exécute pas la mission que lui a confiée Voldemort d'assassiner Dumbledore. Il abaisse sa baguette et semble accepter de se ranger du côté de Dumbledore.

Dans *Les Reliques de la Mort*, il tente de protéger Harry. Les Malefoy, après la bataille finale, se rangent opportunément du côté de Harry. Entre-temps, ils ont pris conscience de l'horreur de Voldemort, quand ce dernier a choisi de sacrifier leur enfant. Ils ne sont pas inquiétés par les autorités.

Alastor Maugrey Fol-Œil (Mad-Eye Moody) : le plus redoutable chasseur de mages noirs. Membre de l'ordre du Phénix dès l'origine et Auror à la retraite. Il trouve la mort lors de la fuite de Harry de Privet Drive alors qu'il assurait sa protection. Sa réplique préférée : « Vigilance constante » !

Mimi Geignarde : fantôme qui hante les toilettes des filles de l'école de Poudlard. Depuis sa mort causée par le Basilic de Jedusor, elle est très neurasthénique.

Mondingus Fletcher : membre de l'ordre du Phénix, il accumule les erreurs : il abandonne la surveillance de Harry dans *Le Prisonnier d'Azkaban*. Il vole le médaillon des Black, avant de le donner sous la contrainte à Dolores Ombrage.

Rogue le manipule grâce au Sortilège de l'*Imperiu*m

pour duper Voldemort, dans la fuite de Harry de Privet Drive.

N

Nigellus Phineas : ancien directeur de Poudlard. Il est de la famille des Black. Il est, lui aussi, enclin au racisme envers « les Sang-de-Bourbe ».

O

Ollivander : fabricant et vendeur de baguettes magiques sur le Chemin de Traverse. Il est torturé par Voldemort avant d'être emprisonné et libéré par Dobby. Ses informations sur la baguette de Voldemort et la sienne seront très utiles à Harry.

Ombrage Dolores Jane (Umbridge) : elle inspire le dégoût à Harry Potter et ses amis, s'exprimant toujours comme « une femme d'affaires ».

Rapporteuse de lois anti-loups-garous, elle déteste tout ce qu'il y a de différent d'un sorcier.

Nommée par le ministère Grande Inquisitrice de Poudlard, elle impose son ordre néfaste à coups de décrets.

C'est Dumbledore qui l'arrache aux centaures qui l'avaient emportée dans la Forêt interdite. Il aurait mieux fait de l'y laisser ! sans compter qu'elle mettra

en place sa politique d'apartheid envers les sang-mêlé au ministère.
Arrêtée pour ses crimes commis envers les sorciers nés de Moldus, elle est mise en prison.
Forme du Patronus : un chat.

P

Parkinson Pansy : élève de Serpentard, elle est amoureuse de Drago Malefoy. Lors de la bataille finale, elle crie que l'on donne Potter à Voldemort.

Patil Padma et Parvati (jumelles) : tandis que Padma est à Serdaigle, Parvati est à Gryffondor. Très belles avec leurs longs cheveux noirs, les jumelles font partie de l'AD.

Peeves : esprit frappeur dont le seul but est faire le plus de désordre dans l'enceinte de l'école.

Pettigrew Peter : ami de James Potter, Sirius et Lupin, c'est un Animagus non déclaré qui peut se transformer en rat (son surnom était Queudver).
Il trahit les Potter en révélant le lieu de leur cachette à Voldemort. Contraint de fuir, il se cache durant douze ans chez les Weasley en devenant le rat de Ron.
Par la suite, il fait don de sa main pour permettre la résurrection de Voldemort et assassine Cedric Diggory, tout en restant toujours le lâche à l'ombre des puissants. Il meurt étranglé par ses propres doigts

d'acier, après avoir tenté de le faire sur Harry et y avoir renoncé.

Pomfresh Poppy : infirmière à Poudlard. Harry fut certainement son patient le plus assidu !

Potter Ginny (née Weasley) : dès qu'elle aperçoit pour la première fois Harry, elle ne peut plus penser qu'à lui. Au fil des ans, elle va s'en détacher mais reviendra vers lui lors de la sixième année.

Manipulée par Voldemort, c'est elle qui ouvre la Chambre des Secrets lors de sa première année à Poudlard.

Cette superbe rousse aime rire et dit toujours ce qu'elle pense, et elle parle beaucoup ! Mariée à Harry, ils ont trois enfants : James, Lily et Albus Severus. Après la fin des études à Poudlard, Ginny devient une joueuse célèbre dans l'équipe des Harpies de Holyhead durant quelques années. Elle travaille ensuite à temps partiel à la *Gazette du sorcier,* où elle est en charge de la rubrique consacrée au Quidditch.

Forme de son Patronus : un cheval.

Potter Harry : Harry est le prénom masculin préféré de J.K. Rowling, Potter étant le nom d'un des compagnons de jeu de son enfance. Harry est né le 30 juillet 1980. Il a des cheveux bruns touffus et longs, et de beaux yeux verts, les mêmes que sa mère, Lily.

Harry n'a qu'un an quand Voldemort tue ses parents et survit au terrible maléfice lancé par Voldemort,

qui au lieu de le tuer, ricoche et frappe le mage noir, contraint dès lors de fuir. La seule trace physique du sortilège de Voldemort est la cicatrice en forme d'éclair sur son front. Ce sortilège a permis la connexion avec Voldemort, qui lui transmet une part de son âme et lui permet de parler Fourchelang.
Toute son enfance n'est qu'une longue journée pluvieuse, sans joie et sans amis. Harry ne sait pas qu'il est le Survivant avant que Hagrid l'informe de ses origines. C'est à Poudlard que Harry, pour la première fois, s'est senti chez lui.
Son apparence physique évolue au fil des livres. Son apprentissage à Poudlard va à la fois lui permettre de trouver des amis, sa future femme et de pouvoir être celui à même de vaincre Voldemort.
À la fin de la saga, en possession des reliques de la Mort, Harry choisit d'être mortel et de tout faire pour que plus personne ne puisse y avoir accès. La seule relique qu'il consent à conserver est la cape d'invisibilité, afin de perpétuer la tradition et la transmettre à son fils.
À la demande du ministre de la Magie Kingsley Shacklebolt, Harry prend la tête du département des Aurors. Harry se charge de lutter contre les mages noirs qui restent.
Forme de son Patronus : le même que celui de son père, un cerf.

Potter James : le père de Harry, dont ce dernier est le portrait craché, les yeux mis à part. Il est né le 27 mars 1960 et mort le 31 octobre 1981.
Animagus non déclaré en cerf, ancien Maraudeur et membre dès l'origine de l'ordre du Phénix.
Assassiné avec sa femme Lily par Voldemort.
Forme de son Patronus : un cerf.

Potter Lily (née Evans) : mère de Harry, c'est une sang-mêlé d'une grande beauté, avec de longs cheveux roux foncé et des yeux verts en amande.
Elle est née le 30 janvier 1960 et décédée le 31 octobre 1981 ; elle meurt de la main de Voldemort en voulant sauver Harry.
Forme de son Patronus : une biche.

Poufsouffle Helga : cette grande sorcière est l'un des fondateurs de Poudlard.
Son amour du savoir n'avait d'égal que sa passion d'enseigner. Et chaque enfant était accueilli dans sa classe avec un grand sourire, s'il était prêt à faire preuve de rigueur dans l'étude.

Q

Quirell professeur : il est professeur de Défense contre les forces du Mal durant la première année de Harry à Poudlard. Auparavant, il enseignait l'étude des Moldus. Il était en fait au service de Voldemort qui voulait récupérer la Pierre philosophale.

R

Rogue Severus (Snape) : directeur de la maison Poudlard et professeur de potions durant cinq ans, avant de devenir professeur de Défense contre les forces du Mal la sixième année.

Né le 9 janvier 1960, c'est l'unique enfant de Tobias Rogue, un Moldu, et d'Eileen Prince, une sorcière. Severus Rogue commence à étudier à Poudlard en 1971, en même temps que James Potter, Lily Evans, Remus Lupin, Sirius Black et Peter Pettigrew. Rogue appartenait à la maison Serpentard. De nature solitaire, il est très doué en potions et invente même ses propres sortilèges.

Ancien Mangemort, c'est Rogue qui révèle une partie de la prophétie à Voldemort. Il se rétracte et travaille au service de Dumbledore auprès des Mangemorts et Voldemort, auquel il rapporte les agissements.

Amoureux de Lily Potter, il porte indirectement la responsabilité de sa mort. C'est la raison pour laquelle il va, au prix de sa vie, servir l'ordre du Phénix.

À la demande de Dumbledore, condamné, il le tue à la fin de la sixième année, pour préserver Drago Malefoy et continuer d'abuser Voldemort.

Malgré son antipathie envers Harry, il sera son sauveur à maintes reprises. Dès la première année, quand il le sauve des maléfices de Quirell lors du match de Quidditch ou quand, dans *Les Reliques*, il

sauve Harry avec son Patronus. Il est tué par Voldemort et laisse à Harry avant de mourir les pensées et souvenirs pour la Pensine.
À sa mort, Harry veille à ce que soit installé son portrait dans le bureau du directeur à Poudlard.
Forme de son Patronus : une biche, comme la femme qu'il aimait, Lily Potter.

Rusard Argus : concierge et homme à tout faire de l'école de Poudlard. C'est un Cracmol, né dans une famille de sorciers mais sans don pour la magie. Particulièrement sadique, il rêve de pouvoir frapper les élèves avec un fouet. Toujours accompagné de sa chatte Miss Teigne, il leur donne des retenues pour des motifs saugrenus, comme leur apparence ou leur air joyeux…
Sa bête noire est Peeves, le fantôme chahuteur du château. Une question demeure :
Pourquoi Dumbledore ne l'a-t-il jamais renvoyé ?

S

Scrimgeour Rufus : ancien chef des Aurors, il remplace Fudge à la tête du ministère de la Magie. Il cherchera à manipuler Harry pour exploiter sa crédibilité et sa popularité dans sa lutte bien timide contre Voldemort. Mais Harry lui répond qu'il est « l'homme de Dumbledore ».
Torturé par les Mangemorts pour révéler le lieu de

la cachette de Harry Potter, il refuse d'avouer et est assassiné.

Serdaigle Helena (dite la Dame grise) : elle hante les murs de Poudlard.
C'est la fille de la fondatrice de Poudlard, Rowena. Elle a volé le diadème à sa mère, qui est morte de chagrin. Avant de mourir, elle avait envoyé le Baron Sanglant à la recherche du joyau. Refusant l'amour de ce dernier, il l'assassine. Voldemort finira par mettre la main sur le diadème, caché par Helena Serdaigle dans un arbre creux d'Albanie.

Serdaigle Rowena : « Tout homme s'enrichit quand abonde l'esprit », telle était sa devise. Avec trois autres grands sorciers, elle fonde l'école de Poudlard. Tous les élèves étaient les bienvenus dans sa classe, et sa maison était le refuge des créateurs et des êtres intelligents.
Cette sorcière d'une grande beauté, *dixit* ceux qui l'ont bien connue, aimait tester la vivacité d'esprit de ses élèves en leur soumettant une énigme, comme celle que doit résoudre Harry Potter à la fin des *Reliques de la Mort*.

Serpentard Salazar : ce magicien est l'un des fondateurs de l'école de Poudlard. Il quitte la direction de l'école après être entré en désaccord avec les autres fondateurs sur la sélection des autres sorciers. Serpentard était totalement opposé à l'accueil d'enfants nés d'un père moldu ou d'une mère moldue.

C'est lui qui crée la Chambre des Secrets à l'intérieur de l'école, afin que son héritier l'ouvre et libère le monstre lui permettant d'asseoir ses idées.

Curieusement, la maison qui porte son nom perdure après son départ, accueillant les jeunes sorciers nés de sang-pur et dont beaucoup rejoindront le camp du Mal.

Shacklebolt Kingsley : ce grand Noir est un Auror efficace au ministère et membre de l'ordre du Phénix dès l'origine.

Il devient Premier ministre de la Magie (le Premier ministre noir du Royaume-Uni ! Bravo, Joanne !) de l'ère suivant la mort de Voldemort.

Au pouvoir, il met fin à toutes les discriminations contre les Moldus, éradique la corruption, et œuvre pour la justice et la paix.

Forme de son Patronus : un lynx.

Sinistra professeur : elle enseigne l'astronomie.

Skeeter Rita : « journaliste » à *La Gazette du sorcier*, cynique et aimant le scandale. *Animagus* non déclarée se métamorphosant en scarabée, elle passe son temps à écrire des contre-vérités.

Elle est l'auteur d'un livre, *Vie et mensonges d'Albus Dumbledore* et d'une biographie de Harry Potter.

Slughorn Horace : il sort de sa retraite à la demande de Dumbledore et, grâce à l'aide de Harry, devient professeur de potions.

C'est un homme jovial qui nourrit de l'ambition pour

ses protégés du « club de Slug ». Dumbledore demande à Harry de recueillir son témoignage pour savoir ce qu'il a révélé des horcruxes à Tom Jedusor. À la fuite de Rogue, il redevient directeur de Serpentard. Slughorn prend part à la bataille finale.

Smith Zaccharias : élève de Poufsouffle, poursuiveur de l'équipe de Quiddich. Membre de l'AD.

T

Thomas Dean : élève de Gryffondor. Membre de l'AD. Camarade de dortoir de Harry et Ron, avec Seamus. Son père l'abandonne quand il est enfant. Il participe à la bataille de Poudlard.

Thicknesse Pius : ministre de la Magie après l'assassinat de Scrimgeour. Soumis au sortilège de l'*Imperium*, il est l'homme-lige de Voldemort au ministère.

Thourdesac Bathilda : elle a écrit *Histoire de la magie*. Elle vit à Godric's Hollow et a bien connu les Dumbledore. Elle est tuée par Voldemort.

Tonks Nymphadora : membre du nouvel ordre du Phénix, elle épouse Lupin dont elle aura un enfant, Teddy. Lupin et elle trouvent la mort lors de la bataille finale.

Le père de Nymphadora, Ted, a, lui aussi, été tué par les Mangemorts.

Forme de son Patronus : un loup-garou.

Trelawney Sibylle Patricia (professeur) : elle enseigne la divination à Poudlard. Recluse dans sa tour, juste en dessous des étoiles, qu'elle passe son temps à observer, elle prédit sans cesse la mort à Harry.
C'est elle qui prophétise à Dumbledore l'arrivée d'un nouveau-né qui sera le seul à pouvoir vaincre Voldemort. Elle participe à la bataille finale.

W

Weasley Arthur : père de Ron, il travaille au département du Détournement de l'artisanat moldu au ministère de la Magie. Il est fasciné par le monde des Moldus.
Membre de l'ordre du Phénix dès l'origine.
En temps de paix, les enfants enterrent leurs parents ; en temps de guerre ce sont les parents qui enterrent leur enfant. Les Weasley perdent leur fils Fred dans la seconde guerre.
Forme de son Patronus : une belette.

Weasley Bill : aîné de la famille Weasley, il travaille à Gringotts, la banque des sorciers. Il est marié à Fleur Delacour. Membre de l'ordre du Phénix. Le couple aura une fille, Victoire, née un 2 mai, prénommée ainsi en mémoire du jour de la Victoire contre Voldemort.

Weasley Charlie : petit et trapu, il s'occupe de dragons en Roumanie.

Weasley Hermione (née Granger) : son prénom est tiré du *Conte d'hiver* de Shakespeare. C'est le personnage qui ressemble le plus à J.K. Rowling, quand elle était jeune.
Elle est née le 19 septembre 1979, elle est fille unique. Ses parents sont des dentistes moldus.
Hermione rencontre Harry et Ron dans le train du Poudlard Express qui les mènent à l'école.
Lors de sa première apparition, le portrait physique que J.K. Rowling fait d'Hermione n'est guère flatteur. La fillette est présentée comme ayant des cheveux bruns touffus et de grandes dents, mais plus on avance dans le récit et plus Hermione embellit, surtout quand, grâce aux soins de l'infirmière de Poudlard, ses dents retrouvent une taille normale. On pourrait présenter Hermione comme une sorcière très cartésienne. Toujours perspicace et logique, elle croit aux causes et aux conséquences, et pense que tout problème a sa solution. Solution que l'on doit normalement pouvoir trouver dans un livre.
Hermione change au contact des autres et de ses deux meilleurs amis, Harry et Ron, comme elle change en réalisant que la magie n'est pas uniquement de la théorie mais aussi de la pratique.
Rebelle, Hermione l'est contre Voldemort et ses sbires, mais aussi contre le monde de la magie. Elle ne conçoit pas que l'on puisse faire vivre les elfes comme des esclaves. Elle est la première à les voir

comme des créatures vivantes ayant droit au bonheur et à leur part de soleil.

Pour aider les elfes à faire valoir leurs droits, Hermione fonde la SALE (Société d'aide à la libération des elfes). Bien que très sensible (elle pleure facilement et c'est l'un de ses talents), elle sait néanmoins faire preuve de fermeté. Quand la plus cruelle des Mangemorts, Bellatrix Lestrange, la torture pour la faire parler, ce sera en vain, tant sa force d'esprit et son courage sont grands. Elle prouve ainsi qu'elle est une parfaite Gryffondor.

Hermione est toujours prête à aller plus loin que les autres dans la lutte, à faire preuve de plus de radicalisme. C'est elle qui a l'idée de l'armée de Dumbledore et c'est encore elle qui souhaite que chacun des participants s'engage par son nom propre et par écrit.

Si elle ne cesse de se disputer avec Ron, leurs liens ne cessent de s'affermir avant qu'ils ne se révèlent leurs sentiments, en s'embrassant en pleine bataille finale, à Poudlard. Mais c'est Hermione qui a fait le premier pas.

Il faut dire que Ron avait manifesté son inquiétude envers le sort des elfes de maison, la grande cause de la vie d'Hermione.

Après avoir achevé ses études, Hermione a commencé à travailler au département de Régulation et de

Contrôle des créatures magiques où elle se charge de mettre fin au statut d'esclaves des elfes.

Hermione part ensuite travailler au département de la Justice magique où elle met en œuvre ses idées d'égalité et de fraternité entre sorciers et Moldus.

Forme de son Patronus : une loutre.

Weasley, Fred et George, les jumeaux : enfin des jumeaux qui dans une œuvre littéraire ne soient pas du côté du Mal ! Au contraire, les jumeaux Weasley vont être les plus farouches résistants et rebelles aux ordres d'Ombrage et de Voldemort.

George va perdre une oreille (à cause d'un sort accidentel lancé par Rogue) au cours de la fuite de Harry de chez les Dursley, et Fred perdra la vie dans la bataille finale à Poudlard.

Bons vivants, toujours en train de rire, de faire un boucan d'enfer et de faire des blagues (ils sont nés un 1er avril !) les jumeaux adorent faire des farces ; et c'est en toute logique qu'ils en feront leur métier.

Ils sont les seuls avec Rusard à connaître tous les passages secrets de Poudlard.

Ce sont eux qui offrent à Harry la Carte du Maraudeur qui permet de se situer et de situer les autres dans l'école. Il le leur rendra bien en leur offrant sa récompense du tournoi de la Coupe du Feu, ce qui permettra aux jumeaux d'acheter leur propre magasin de farces et attrapes.

À la mort de son frère jumeau, George reprend son

magasin de farces et attrapes avec Ron. Marié à Angelina, l'ex de son jumeau (!), il nomme son enfant Fred.

Weasley Molly : elle adore faire la cuisine. Une sorte de *mamma* italienne qui déborde d'amour pour tous ses enfants.

Quand il arrive chez les Weasley, Harry reçoit pour la première fois de sa vie des marques d'affection de la part de toute la famille. Il reçoit tant d'amour et de générosité qu'il s'y sent chez lui et a envie de leur rendre ce qu'ils lui donnent.

Les Weasley, le pendant des Dursley, vont très vite se substituer à la famille qu'il n'a jamais eue.

Weasley Percy : arriviste, Percy est prêt à tout pour monter les échelons du pouvoir, y compris de se couper de sa famille.

Fidèle au ministère de la Magie, il ne rejoint la Résistance qu'au prélude de la bataille finale de Poudlard. Il poursuit ensuite son travail au ministère, collaborant avec Kingsley.

Weasley Ron Bilius : le petit dernier des Weasley, né le 1er mars 1980.

Roux comme tous les Weasley avec un visage constellé de taches de rousseur. Ron a un humour très personnel, qui ressemble beaucoup à celui de ses grands frères jumeaux.

Meilleur ami de Harry et d'Hermione, ils forment un trio inséparable dans les sept romans de la saga.

Hermione et Ron ont passé leur temps à se disputer à Poudlard : l'un des motifs récurrents de leurs disputes est le peu de cas fait du sort des elfes par Ron.

C'est quand ce dernier manifestera son inquiétude concernant le sort des elfes de maison, lors de la bataille finale de Poudlard, qu'Hermione embrassera fougueusement Ron.

Ensemble, ils auront deux enfants : Rose et Hugo.

Après avoir travaillé au côté de Harry au département des Aurors, Ron a rejoint son frère George, avec qui il dirige le magasin Weasley-Farces pour Sorciers Facétieux.

Forme de son Patronus : un jack russell terrier.

Les créatures magiques

Aragog : est une araignée géante. C'est Hagrid qui l'a apportée à Poudlard. Très malade, elle meurt dans *Le Prince de sang-mêlé*.

Buck : est un magnifique hippogriffe élevé par Hagrid. À la suite d'une plainte non fondée de Drago Malefoy, il est condamné à mort, mais sauvé par Hermione et

Harry et leur utilisation du Retourneur de Temps. Il aide Sirius à s'enfuir. Il est ensuite nommé *Vendebout* pour faire diversion.

Dobby : elfe de maison. Comme les autres elfes, Dobby est une petite créature avec de grands yeux et de grandes oreilles de chauve-souris.

Les elfes servent de vieilles familles de sorciers. Ils ne doivent jamais en dire du mal, au risque de s'en punir violemment, et se doivent d'accepter leur sort. Les elfes ne peuvent être libérés qu'après avoir reçu un vêtement de la part de leur maître. C'est ainsi que Dobby est libéré des Malefoy après avoir reçu, par erreur, de la part de Lucius une chaussette.

Ils possèdent de grands pouvoirs magiques, mais n'ont pas le droit de s'en servir. Alors qu'aucun sorcier ne peut transplaner à l'intérieur de Poudlard (comme ne le cesse de le rappeler Hermione), les elfes, eux, le peuvent.

À Poudlard, une centaine d'elfes travaillent aux cuisines, préparant des plats succulents pour les élèves. Tous participent à la bataille finale de Poudlard, y compris Kreattur, l'elfe repenti et Winky, l'elfe amateur d'alcool.

Dobby, lui, a donné sa vie pour Harry qu'il vénère et ses amis.

Un épouvantard : est une créature qui peut prendre l'aspect et la forme de ce que craint le plus la personne qui la voit. Pour la neutraliser, il faut prononcer la formule : *Riddikulus* en éclatant de rire.

Les épouvantards aiment les endroits sombres et confinés. Alors surveillez votre placard au cas où…

Firenze : est un centaure, moitié homme et moitié cheval. Il vit dans la Forêt interdite. C'est là qu'il rencontre pour la première fois Harry à qui il sauve la vie. Il est chassé de son troupeau après avoir accepté de remplacer le professeur Trelawney, renvoyé par Ombrage, au poste de divination ; poste qu'il partagera avec elle quand elle sera réintégrée.

Fumseck : est le phénix de Dumbledore. Il aide Harry à lutter contre Tom Jedusor et le Basilic en lui apportant l'épée de Godric Gryffondor et le Choixpeau magique. Ses larmes guérissent Harry de sa blessure. C'est une plume de Fumseck qui a servi à la fabrication des baguettes magiques de Harry et de Jedusor.

À la mort de Dumbledore, Fumseck disparaît de Poudlard.

Les Sombrals : sont des créatures aux grandes ailes noires ressemblant à des chevaux, mais dont le corps est sans trace de chair. Seuls ceux qui ont perdu un proche peuvent les voir ou, pour être plus précis, ceux qui ont compris le sens de la mort et ce que cela implique.

Harry, Hermione, Neville, Ron, Ginny et Luna les

utilisent pour se rendre au ministère de la Magie, en cinquième année.

Les Vélanes : sont des femmes de grande beauté qui font tout, sauf faire semblant d'être belles. Leur charme envoûte tout garçon se trouvant sur leur passage.

Harry Potter *en chiffres*

8,3 millions de copies de *Deathly Hallows* vendues en un jour aux États-Unis.

2 300 000. C'est le nombre d'exemplaires de *Harry Potter et les Reliques de la Mort* tirés en langue française. 15 % sont à destination du Canada, de la Belgique et de la Suisse.

21 millions. Ce sont les ventes totales de *Harry Potter* en France, dont 4,5 millions pour le 1er tome, *Harry Potter à l'école des sorciers* et 2,5 millions pour *Le Prince de sang-mêlé.*

25 millions des *Reliques de la Mort* en anglais, exemplaires vendus en moins de trois mois et de 11,3 millions durant les premières 24 heures !

2,5 millions d'exemplaires de *Harry Potter and the Deathly Hallows* précommandés sur Amazon.

250 000 exemplaires de *Harry Potter and the Deathly Hallows* écoulés en France en trois mois.

325 millions de romans vendus dans le monde des six premiers livres.

20 millions de livres vendus par Gallimard en France des six premiers tomes.

15 % du chiffre d'affaires de Gallimard.

4 000. C'est le nombre de pages que comporte toute la saga.

65 langues pour la traduction des livres originaux écrits en anglais.

167 millions de DVD et cassettes vidéo de *Harry Potter* ont été vendus depuis 2002.

3 millions d'exemplaires vendus le premier week-end de sa sortie en 2000 du tome IV, *Harry Potter et la Coupe de Feu*, devenant le livre le plus rapidement vendu de l'Histoire.

200 pays ont déjà accueilli *Harry Potter*.

4,1 milliards de dollars de recettes pour les cinq premiers films de Harry Potter.

1 milliard de dollars, c'est l'estimation, de la fortune de J.K. Rowling.

Harry Potter *en quelques dates*

1990 : J.K. imagine le monde de Harry Potter, dans un train d'espoir et de rêves, qui la mène de Manchester à Londres.

1997 : Christine Baker, éditrice à Gallimard décide de publier *Harry Potter* en France.

1998 : 1er septembre : *Harry Potter and the Sorcerer's Stone* est un immense succès aux États-Unis, un an après sa sortie anglaise.

1999 : 2 juin : nouveau record des ventes aux États-Unis de *Harry Potter and the Chamber of Secrets*.

2000 : 6 mars : Nancy K. Stouffer poursuit J.K. Rowling en justice. Elle l'accuse de lui avoir volé son idée, en particulier celle des Moldus (*muggle* en anglais), qu'elle a développée dans ses livres pour enfants, écrits durant les années 80, incluant *The legend of Rah and the Muggles*.

> *C'était comme si une femme sortie de nulle part arrivait et se déclarait mère de ma propre fille,* dit Rowling.

En 2002, un juge américain déboute Stouffer de sa plainte.

2000 : 8 juillet : *Harry Potter and the Goblet of Fire* se vend à cinq millions d'exemplaires.

2001 : 16 novembre : première du premier film consacré à *Harry Potter*, réalisé par Chris Colombus.

2003 : 23 novembre : Les Simpson sont à Londres. Lisa rencontre J.K. Rowling.

2006 : le 1er août, à New York, au Radio City Music Hall, J.K. Rowling, Stephen King et John Irving Sont réunis pour une lecture de leurs livres et pour répondre aux questions de leurs fans.

2007 : janvier : J.K. met fin à dix ans de travail. Le dernier tome de *Harry Potter* sort en juillet.

2008 : J.K. Rowling reçoit un diplôme honorifique de Harvard : un doctorat ès Lettres. Le cinquième diplôme honorifique qu'elle reçoit, après ceux remis par les universités de St Andrews, Edimbourg, Napier et Aberdeen, toutes quatre en Écosse.

À cette occasion, elle prononce un discours devant les jeunes diplômés.

2009 : sortie prévue le 17 juillet de *Harry Potter et le Prince de sang-mêlé* de David Yates dont la sortie mondiale était d'abord fixée au 2 novembre 2008.

2010 : ouverture en été d'un parc d'attraction à Orlando en Floride autour du monde magique de Harry Potter. Il comprendra Pré-au-lard, Poudlard et le Poudlard Express.

Sortie de la première partie des *Reliques de la Mort*.

2011 : future date de sortie de la seconde partie des *Reliques de la Mort*.

116 choses que vous devez savoir sur Harry Potter et J.K. Rowling

1. Ses livres pour enfants préférés sont *I Capture the Castle*, de Dodie Smith, The *Little White Horse*, d'Elizabeth Goudge, *Grimble* de Clément Freud, *Ballet Shoes* de Noel Streatfield et *Manxmouse* de Paul Gallico et son autre livre favori est *The Virgin suicides* de Jeffrey Eugenides.
2. Gilderoy Lockhart, le professeur de Défense contre les Forces du Mal lors de la seconde année de Harry Potter à Poudlard est le seul personnage à être inspiré d'une personne réelle.
3. Si Jo pouvait devenir un personnage de Poudlard, elle choisirait Peeves, l'Esprit frappeur pour pouvoir faire le souk !
4. Jo Rowling a inventé le Quidditch une nuit dans une petite chambre de l'hôtel Bournville à Didsbury, Manchester, après une dispute avec son petit ami.
5. Jo écrit toujours ses livres sur papier avec un stylo noir. Résultat, ses doigts sont atrophiés.
6. Robert Mitchum, l'acteur mythique de *The Night of the Hunter*[1] de Charles Laughton (ce film très rowlingien devrait être vu et revu par tous les amoureux de Harry Potter) et *Angel face* d'Otto Preminger est l'acteur favori de la romancière.

1. *La Nuit du chasseur*, NdÉ.

On retrouve un peu de Robert Mitchum dans Sirius. Son autre acteur préféré est Dustin Hoffman, dont elle tomba amoureuse après avoir vu *Little big man* d'Arthur Penn.

7. Les Mangemorts se nommaient d'abord les Cavaliers de Walpurgis.
8. Jo conserve toutes ses notes concernant le monde de *Harry Potter*. Ce qui lui sera très utile pour rédiger sa future grande encyclopédie.
9. Elle a perdu son carnet de notes sur Harry Potter.
10. Des dizaines de faux autographes de J.K. Rowling de *Harry Potter* dédicacés sont vendus sur ebay.
11. Les anciens présidents américains et sud-africain Bill Clinton et Nelson Mandela sont fans de *Harry Potter*.
12. Jo possède une édition originale de Jane Austen dans sa bibliothèque. C'est son écrivain préféré.
13. Jo préfère écrire dans les cafés et continue de le faire, quand elle en a la possibilité.
14. Sa boisson préférée est le gin allongé de tonic.
15. Jo n'a pas le permis de conduire et n'aime pas les voitures.
16. Elle a arrêté de fumer après son mariage avec un médecin.

    Dans le miroir du Riséd, elle verrait aussi un scientifique inventant une cigarette qui ne soit pas néfaste pour la santé !

17. Jo a pleuré quand elle a tué Sirius à la fin du tome V…
18. Jo révèle l'homosexualité de Dumbledore après avoir lu le scénario de Steve Kloves du *Prince de sang-mêlé*, où le grand sorcier disait à Harry : « J'ai connu une fille, dont les cheveux… »
    Elle a écrit une petite note dans la marge, « Dumbledore est gay ! » « Il fallait que je vous donne de quoi parler pour les dix prochaines années… », dit-elle à ce propos.
    Répondant à la question d'une jeune fille lui ayant au préalable déclaré que *Harry Potter* l'avait aidée à être plus elle-même, Jo a répondu à sa question : « Est-ce que Dumbledore a déjà été amoureux ? » par « Dumbledore est gay. » La scène s'est passée au Carnegie Hall à New York.
19. Rogue enseigne les potions car Jo était très mauvaise en chimie.
20. Le livre le plus ancien dont elle se souvienne est *Le Vent dans les saules*, de Kenneth Grahame, qu'on lui a lu alors qu'elle était âgée de quatre ans et qu'elle avait la rougeole.
21. Si Jo regarde très peu la télé, elle dit néanmoins adorer Les Simpson ! Elle y fait d'ailleurs une apparition dans l'épisode *The Regina Monologues*, le quatrième épisode de la saison 15 où les Simpson vont à Londres. Elle a enregistré sa voix directement de chez elle par satellite !

Elle y rencontre Lisa, au moment où elle sort d'une librairie. Leur petit dialogue :
Lisa Simpson : Regardez ! C'est J.K. Rowling, l'auteur des *Harry Potter* ! Vous avez donné le goût de la lecture à des millions d'enfants.
J.K. Rowling : Merci, jeune Moldue.
Lisa : Vous voulez bien me dire comment le dernier livre s'achève ?
Rowling : Il est adulte et il se marie avec toi, c'est ce que tu voulais entendre ?
Lisa : Oui !

22. Jo a écrit le dernier chapitre du dernier tome de *Harry Potter* en 1990.
23. La chanson préférée de Jo est *I did it my way* de Frank Sinatra.
24. Jo s'est vu décerner la récompense « ordre des Forêts » pour son engagement à ne faire imprimer *Harry Potter* que sur du papier recyclé ou ne provenant pas de forêts anciennes. J.K. Rowling est le premier auteur à se voir attribuer cette récompense.
25. Jo a écrit *Le Quidditch à travers les âges*, et *Les Animaux fantastiques*, dont les recettes vont à Comic Relief UK pour aider à lutter contre la famine et d'autres projets en Afrique. 25 millions d'euros ont déjà été récoltés.
26. Joanne Rowling détestait le sport à l'école.

27. Jo est contre les internats et met ses enfants dans des écoles publiques.
28. Jo adore les poissons tropicaux.
29. Le jour le plus heureux de sa vie (en dehors de la naissance de ses enfants) est celui où Jo a su qu'elle allait être publiée.
30. Jo avait créé une Mafalda Weasley, cousine de Ron pour le tome IV, avant de la supprimer pour des motifs narratifs.
31. Rita Skeeter, la journaliste à scandale, était prévue dans le tome I, avec un autre nom, au moment où Harry pénètre dans le Chaudron Baveur, avant d'être déplacée dans le tome IV.
32. Ses auteurs de littérature pour enfants préférés sont Jacqueline Wilson, David Almond, Aidan Chambers, Henrietta Branford et Philip Pullman.
33. Le premier titre du tome II était... *Harry Potter et le Prince de sang-mêlé*.
34. Selon Amazon, se basant sur ses statistiques d'ouvrages précommandés, la ville de France la plus mordue et la moins moldue de France est La-Colle-sur-Loup près de Nice. Sur les 7 500 habitants environ 3 000 foyers ont effectué 700 précommandes du dernier tome, *Harry Potter et les Reliques de la Mort*.
35. Le mot *muggle* (Moldus) a été ajouté au dictionnaire d'Oxford.

36. Jo vit dans l'ancien château d'Edinburgh (Edimbourg).
37. Si Jo pouvait enseigner à Poudlard, elle hésite entre la métamorphose et la Défense contre les forces du Mal.
38. Le premier titre du IVe tome était *Harry Potter et le Tournoi des trois sorciers*.
39. Jo a commencé à lire les *Harry Potter* à sa fille Jessica quand la fillette a eu six ans.
40. Ron Weasley est inspiré d'un garçon qui allait à l'école avec Jo et qui s'appelait Sean Harris. Le second tome lui est dédié.
    Par ailleurs, Jo a donné une Ford Anglia aux Weasley, car c'était la première voiture de Sean. Elle a passé du temps dans cette voiture !
41. Jo a eu un blocage d'écriture provisoire pour *la Chambre des Secrets*.
42. Sur le tournage du premier film de *Harry Potter*, Jo s'est placée devant la reconstitution pour le film du miroir du Risèd et elle a vu… une romancière reconnue et riche !
43. Un exemplaire de la première édition du Ier tome – tiré à l'époque à 500 exemplaires – a été vendu chez Christie's à Londres pour près de 20 000 livres (28 000 euros).
44. Un sondage réalisé par Bloomsbury auprès de 16 000 votants a placé Tom Jedusor dit Voldemort

en tête des méchants les plus vils de la littérature, devant Sauron du *Seigneur des anneaux*.

J.K. Rowling réagissant à cette annonce a déclaré :

J'imagine sa réaction sachant que les Moldus lui ont attribué un prix d'impopularité. Sans doute un mélange de plaisir face à la reconnaissance de son pouvoir et de la menace qu'il représente, doublé de fureur devant votre audace à prononcer son nom.

45. *La Coupe de Feu* a été le *Harry Potter* le plus difficile à écrire. Au point que Jo, avant d'aller dormir, en avait des palpitations.
46. J.K. s'est rendu compte qu'elle avait écrit un livre fantastique après avoir achevé le premier tome. Elle n'apprécie pas trop le genre fantastique et n'a pas lu entièrement *Le Seigneur des anneaux*…
47. Jo a un jack russel, Butch.
48. Elle tient l'idée du journal intime (le horcruxe de *La Chambre des Secrets*) de sa sœur, Dianne, qui en tenait un.
49. Le nom de l'école, Hogwarts (Poudlard) vient du nom de lys anglais.
50. Ses écrivains préférés sont Jane Austen et Nabokov.
51. Ce qui la rend heureuse, c'est quand un lecteur lui donne à dédicacer un livre qui tombe en morceaux ; prouvant ainsi qui l'a lu plus d'une fois.
52. *Emma* de Jane Austen est le livre que J.K. Rowling a lu le plus grand nombre de fois.

53. Quand elle élabore un roman, Jo consacre environ dix heures par jour à l'écriture.
54. Jo n'aime pas écrire le matin et, en général, écrit dans la soirée. Ses meilleures idées lui viennent vers minuit.
55. Elle a écrit treize versions du chapitre IX de *La Coupe de Feu*.
56. Jo écrit parfois des dialogues fantaisistes entre Hermione, Ron et Harry pour s'amuser.
57. La devise en latin de Poudlard est : « Ne chatouillez jamais un dragon endormi. »
58. Jo a imaginé Hagrid comme un *Big Hell's angel* mais sans moto. Amusant de constater qu'elle lui a prêté la moto de Sirius pour le dernier tome.
59. La première fois que Jo a fait une lecture publique de *Harry Potter*, il n'y avait que quatre personnes dans l'assistance !
60. Si Jo pouvait voyager selon son désir, avec la « poudre de cheminette », elle irait le plus souvent à Hawaii.
61. Jo n'aime pas la télé. Enfant, plutôt que de la regarder, elle préférait aller se promener dans les champs avec sa sœur et revenir pour le repas.
62. La rumeur dont Dudley parle à Harry, à propos de l'école où il devait aller, Stonewall High, est inspirée par ce que J.K. Rowling avait entendu des rumeurs sur le passage au collège.
63. La personnalité de Minerva McGonagall est librement inspirée d'un professeur d'anglais qu'elle a eu, Miss Shepherd.

64. Jo a écrit le quai 9 ¾ de King's Cross d'où partent les trains pour Poudlard quand, habitant à Manchester, elle se trompe dans la visualisation des quais.
65. L'adresse de son premier logement à Edimbourg était le 28 Gardner's Crescent !
66. Nicholson's à Edimbourg, dont l'un des propriétaires était son beau-frère, est le café où Jo a écrit la majeure partie du premier tome de *Harry Potter*.
67. Jo s'adresse à l'agent Christopher Little parcequ'elle trouve qu'il a un nom de roman.
    Voici l'ébauche de lettre qu'elle lui a envoyée :

30 juin 1994

Cher M. Little,

Je vous fais parvenir une synthèse et des échantillons de chapitres d'un livre destiné aux enfants âgés de neuf à douze ans. Je vous serais très reconnaissante de me dire si vous seriez intéressé de lire le manuscrit intégral.

Bien à vous, *Joanne Rowling*

68. Le miroir du Risèd est entièrement issu de sa propre expérience lors de la perte de sa mère. Si elle pouvait s'y voir, elle se verrait avec elle.
69. Quand elle a reçu la lettre d'une femme critiquant la fin du second tome, elle lui a répondu ces mots lapidaires :
    Ne lisez pas le reste des livres. Bien à vous,
    Jo Rowling.

70. Dans l'État américain de Caroline du Sud, des parents ont tenté d'obtenir l'interdiction de *Harry Potter* des bibliothèques publiques.
71. Avant d'intituler le dernier tome *Les Reliques de la Mort*, J.K. Rowling avait songé à *La Quête des Peverell* ou *La Baguette de l'aîné* (titre qui est finalement devenu celui d'un chapitre).
72. Dans l'épisode *Treehouse of horror XII* (2001) des Simpson, on peut voir Bart et Lisa dans le monde de *Harry Potter*, à Poudlard. Ils doivent affronter Lord Montymort (Mr. Burns).
73. Son mari n'aimait pas le personnage de Cedric Diggory, le trouvant trop lisse. Mais ce n'est pas ce qui l'a décidée à le tuer !
74. Natalie McDonald qui apparaît dans *La Coupe de Feu* est une personne réelle. Âgé de neuf ans, elle vivait à Toronto au Canada. Atteinte d'une leucémie, elle avait écrit à Jo pour lui demander ce qui se passerait dans le tome suivant, car elle ne serait plus de ce monde pour le lire.

    Quand Jo lui répondit par courriel, l'enfant était déjà décédée. Elle devint sous son vrai nom une élève de première année à Poudlard sélectionnée par le Choixpeau pour aller dans la maison Gryffondor qui, comme on le sait, est la maison des courageux.
75. Sirius Black est nommé ainsi en référence à l'étoile la plus lumineuse du ciel, connue aussi sous le nom

d'Étoile du chien. C'est pourquoi il devient un chien noir lorsqu'il se transforme en Animagus.

76. Les pays qui accueillent le plus grand nombre de sorciers sont très logiquement la Chine et l'Inde.
77. Le volume *Les Reliques de la Mort* est le premier des *Harry Potter* à comporter des jurons. Harry Potter traite de « salaud » Mondingus, Aberforth, le frère de Dumbledore, de « bâtards » les Moldus qui ont agressé sa petite sœur, et Molly Weasley injurie Bellatrix Lestrange de « salope » après l'assassinat de Fred, l'un de ses jumeaux.
78. Le chat d'Hermione, Pattenrond est un kneazzle.
79. Demelza Robins, l'attrapeuse de Gryffondor dans *Harry Potter et le Prince de sang-mêlé*, est un nom en référence à l'association caritative soutenue par l'acteur Daniel Radcliffe, la Demelza House Children's Hospice, en charge d'enfants malades, dans le Kent, l'est du Sussex.
80. Jo a dit que si elle sortait un jour une encyclopédie avec tous les détails, qu'elle conserve en notes, elle aurait la taille de l'*Encyclopaedia Britannica*.
81. La première lettre de fan que reçoit Jo émane d'une certaine Francesca Gray. Elle commençait par « cher Monsieur ». Jo la rencontrera par la suite.
82. L'édition de ses livres que préfère Jo est la version grecque.
83. Dans la version espagnole, le crapaud de Neville Londubat a été remplacé par une tortue ! Dans la

version italienne, le professeur Dumbledore a été traduit par « Professore Silencio ».

84. Jo déteste que l'on nomme *Harry Potter* « sa propriété ».
85. Jo et Sarah Brown, la femme du Premier ministre britanique Gordon Brown, ont collaboré pour compiler *Magic*, une collection d'histoires courtes écrites par certains des meilleurs auteurs britanniques, afin de récolter 1 million de livres sterling pour le National Council for One-Parent Families (Conseil national pour les familles monoparentales). Jo a fait un don de 500 000 livres pour l'association.
86. Arthur Weasley aurait dû mourir dans le tome V, mais Jo ne supportait pas l'idée de devoir le tuer.
87. Durant l'écriture du chapitre 34, Retour dans la forêt des *Reliques de la Mort* et après l'avoir achevé, Jo a abondamment pleuré. Elle était alors seule dans une chambre de l'hôtel Balmoral à Edimbourg.
88. Après avoir achevé l'écriture du tome VII, Jo a ressenti comme un deuil. Elle s'est remémoré les dix-sept années précédentes et s'est sentie très triste. En pensant à sa mère, décédée au tout début de *Harry Potter* et qui ne l'a jamais vu publier.
    Une semaine plus tard, total changement, elle s'est sentie légère, libre, soulagée et heureuse, avec devant elle une nouvelle vie à mener.
89. Jo a dit à de nombreuses reprises que si elle ne devait écrire que des livres pour enfants, elle ne se

considérerait pas du tout comme un auteur de seconde zone.

90. Seul son mari a eu le droit de lire le manuscrit des *Reliques de la Mort*. Par ailleurs, il n'avait lu aucun des *Harry Potter*, quand ils se sont rencontrés.
91. Si Jo a souvent déclaré que le tome VII marquait la fin des *Harry Potter*, elle a également affirmé qu'elle ne dirait jamais « jamais ».
92. Caravage et Gainsborough sont les peintrees préférés de Jo.
93. Rolling Stone ou Beatles ? Jo choisit les quatre de Liverpool qui forment son groupe de rock préféré.
94. Elle ne porte jamais de jaune ni de marron, couleurs d'un uniforme honni dans son enfance passée à Bristol, puis au pays de Galles.
95. Daniel Radcliff a demandé à Jo si Harry Potter trouvait la mort dans le dernier tome. Elle lui a malicieusement répondu : « Tu auras une scène de mort. »
96. Stephen King a déclaré que Harry Potter est là-haut avec les grands, Frodon, Dorothy et Huckleberry Finn…
97. Sa sœur Dianne lui a dit : « Si tu tues Hagrid, je ne te pardonnerai jamais. »
98. Jo a nommé le conducteur et le contrôleur du Magicobus comme ses grands-pères, Ernie et Stanley.
99. Lucius Malefoy est douzième du top 15 des personnages fictifs les plus riches du magazine Forbes.

100. Quand elle quitte Harry Potter à Privet Drive au début des *Reliques de la Mort*, les mots que Pétunia n'a pas réussi à prononcer sont : « Je sais ce contre quoi tu te bats et j'espère que tu t'en sortiras. »

101. Catie Hoch, une petite fille américaine de six ans atteinte d'un cancer aimait Harry Potter. Une lettre de sa maman apprit à Jo que la petite fille serait morte avant la parution de *La Coupe de Feu*, Jo lui téléphona pour lui en lire des passages.
L'enfant s'est éteinte en mai 2000. Jo a fait don de 10 000 dollars à la fondation créée par ses parents.

102. Ce n'est qu'en 2002 que Joanne a rompu son appréhension et a tapé « Harry Potter » dans la barre de recherche de Google.

103. Le seul conseil que Jo donne à ses lecteurs qui souhaitent devenir écrivains est de lire encore et toujours.

104. Jo dirige depuis l'an 2000 la MS Society Scotland, qui vient en aide aux malades de la sclérose en plaques.
Sa mère est décédée à quarante-cinq ans d'une défaillance respiratoire liée à cette maladie. L'Écosse, où vit Jo, est, sans que l'on sache bien pourquoi, le pays le plus touché par la sclérose en plaques. Jo milite notamment pour que toutes les victimes de la maladie aient accès aux soins et aux médicaments permettant d'alléger leur souffrance.

Je sais, par mon expérience personnelle, que la sclérose en plaques peut avoir des effets dévastateurs sur toute personne qui est en contact avec cette maladie. Ma mère a terriblement souffert de la sclérose en plaques et c'était si frustrant de voir que les docteurs étaient incapables de faire quoi que ce soit pour elle.

Si un médicament peut contribuer à s'attaquer à la sclérose en plaques – en particulier celle de type agressif, la sclérose en plaques rémittente, dont nous parlons – il ne devrait pas être interdit pour des simples raisons de coût.

Une fois de plus, les décisions sur le traitement sont prises par des comptables plutôt que par des cliniciens. J'espère que les fournisseurs de soins médicaux feront entendre leur voix au profit des milliers de familles touchées par la sclérose en plaques en Écosse, dit-elle.

105. Les œuvres musicales préférées de Jo sont *le Requiem de messe* en Ré mineur de Mozart, l'*Appassionata Sonata* de Beethoven et *le Concerto pour violon* en Ré majeur de Tchaïkovsky.
106. Ses chansons favorites sont *Come together* des Beatles, *Guilt* de Marianne Faithfull, *All along the watchtower* d'Hendrix (reprise de Bob Dylan) et *Everybody hurts* de REM.
107. Jo a écrit une histoire sur sept diamants maudits, quand elle était jeune.

108. La prison d'Azkaban se trouve au nord de la mer du Nord.
109. Les sorciers ont une espérance de vie plus longue que les Moldus, ce qui explique l'âge de Dumbledore ou celui de la tante Muriel Weasley.
110. Jo a cédé les droits du premier chapitre de *l'Ordre du Phénix* à des associations autrichienne, suisse et allemande d'aide aux sans-abri, afin qu'ils le publient en avant-première dans leurs journaux.
111. Son héros dans la vie réelle est Robert F. Kennedy.
112. Si Joanne avait une baguette magique, elle ferait en sorte qu'il y ait Barak Obama à la Maison Blanche.

     Au moment où j'écris ces lignes, il semblerait que le charisme et la volonté de changement du candidat noir fassent qu'il l'emportera en novembre 2008, après les huit années terribles de la droite conservatrice américaine.
113. Joanne avait planifié dix-sept ans avant de l'écrire le beau dialogue diaphane entre Dumbledore et Harry Potter, à King's Cross, quand ce dernier lui demande :

     — *Est-ce que c'est réel ? Ou est-ce que tout cela se passe dans ma tête ?*

     et que le vieux sorcier lui répond :

     — *Bien sûr que ça se passe dans ta tête, mais pourquoi cela voudrait-il dire que ce n'est pas réel ?*

114. Se séparer de Harry Potter a été pour Joanne bien plus douloureux que ne le fut son premier divorce (avec le Portugais Jorge Arantes, dont elle a affirmé par ailleurs qu'il n'avait inspiré aucun personnage de la saga).

115. Son plus grand regret est de ne pas avoir attendu plus longtemps avant de raccrocher le téléphone la dernière fois qu'elle a parlé à sa maman.

116. La dernière phrase des *Reliques de la Mort*, a longtemps été : « Seuls ceux qu'il aimait pouvaient voir sa cicatrice. »

Sources

LES DIFFÉRENTS chats et interviews donnés par J.K. Rowling ont été une bonne source d'inspiration, car Jo s'avère très loquace.

Livres, revues, journaux et magazines, émissions :

Harry Potter à l'école des sorciers
Harry Potter et la Chambre des Secrets
Harry Potter et le prisonnier d'Azkaban
Harry Potter et la Coupe de Feu
Harry Potter et l'Ordre du Phénix
Harry Potter et le Prince de sang-mêlé
Harry Potter et les Reliques de la Mort
(Traduit de l'anglais par Jean-François Ménard pour les éditions Gallimard Jeunesse)
Harry Potter and the Philosopher's Stone
Harry Potter and the Chamber of Secrets
Harry Potter and the Prisoner of Azkaban
Harry Potter and the Goblet of Fire

Harry Potter and the Half-Blood Prince
Harry Potter and the Deathly Hallows
(Ed Bloomsbury)

J.K. Rowling, *Le Quidditch à travers les âges*, Gallimard Jeunesse (août 2001).

J.K. Rowling, *Les Animaux fantastiques*, Gallimard Jeunesse (août 2001).

J.K. Rowling, *Les Contes de Beedle le barde*, Gallimard Jeunesse (décembre 2008).

Tous les films de la série édités en DVD par Warner Bros, dont chacun comporte une large part de bonus, avec notamment commentaires audios, interviews, tournages et scènes inédites.

The Mitfords : Letters Between Six Sisters de Charlotte Mosley, Hardcover, 2007.

Jatler Magazine, Times, The Mirror, New York Times, The Scotsman, The Sunday Telegraph, Le Monde, Libération, Ciné Live, Studio Magazine, Première, Entertainment Weekly, Newsweek et BBC Television.

Sites Internet

www.jkrowling.com

Le site de l'auteur. Indispensable. Régulièrement mise à jour par J.K. Rowling, qui s'en charge elle-même.

www.harrypotter.gallimard-jeunesse.fr

Le site de l'éditeur français. Très bien conçu.

www.harrypotter.warnerbros.fr

Site des films. À surveiller pour voir les *trailers* et les bandes-annonces.

www.gazette-du-sorcier.com

L'un des meilleurs sites français. La communauté pottérienne réunie dans ce site fait preuve d'une érudition et d'une passion qui forcent le respect.

www.encyclopedie-hp.org

Comme son nom l'indique, il s'agit d'une encyclopédie concernant le monde de *Harry Potter*. Vous y trouverez donc tout ce que vous cherchez à savoir. C'est la version du site américain de référence, *Harry Potter lexicon.*

www.harrypotterforever.org

Un site de passionnés. Un lien qui retient. Remarquable.

www.poudlard.org

Un autre site de fans. M.A.G.I.Q.U.E

www.h-potter.com/repaire-rowling.com

Superbe. Beaucoup d'éléments à lire pour tous ceux qui veulent aller plus loin.

www.universharrypotter.com

Une caverne d'Ali Baba pour les amoureux de *Harry Potter.* Pas de « sésame ouvre-toi » à prononcer ; seuls quelques clics suffisent.

www.pottersphere.com

Un autre site très bien fait, toujours à l'affût de l'info magique !

Remerciements

J'EXPRIME une infinie gratitude à Joanne Rowling, qui a fait de la dernière décennie (1997-2007) un enchantement, ainsi qu'à tous les passionnés en général et à ceux de *Harry Potter*, en particulier.

Je tiens à remercier Bruce Springsteen pour tout ce qu'il est et tout ce qu'il fait. Et pour avoir intitulé son album, *Magic* (!) et l'avoir sorti pour mon anniversaire...

Je tiens aussi à remercier Noémie, une princesse de sang-mêlé et Nadège Bellanti.

Merci à mon cousin Karim Benzema d'avoir distrait mon attention par son habileté à mettre des buts !

Je voudrais rappeler à Jessica et sa sœur qu'elles me doivent un resto, à la suite du pari que l'on avait fait sur la culpabilité de Rogue, après la lecture du *Prince de sang-mêlé*. Pari que j'ai gagné.

Est-ce que je crois à la magie ? J'y crois.

Table des matières

• • • SAGIM • CANALE • • •

Achevé d'imprimer en novembre 2008
sur rotative Variquik
à Courtry (77181)

Imprimé en France

Dépôt légal : novembre 2008
N° d'impression : 11136

L'imprimerie Sagim-Canale est titulaire de la marque
Imprim'vert® depuis 2004